ଅପଦେବତା

ଅପଦେବତା

ମନୋରଂଜନ ସାହୁ

ବ୍ଲାକ୍ ଇଗଲ୍ ବୁକ୍ସ
ଭୁବନେଶ୍ୱର, ଓଡ଼ିଶା
BLACK EAGLE BOOKS
Dublin, USA

ଅପଦେବତା / ମନୋରଂଜନ ସାହୁ

ବ୍ଲାକ୍ ଇଗଲ୍ ବୁକ୍ସ : ଭୁବନେଶ୍ୱର, ଓଡ଼ିଶା • ଡବଲିନ୍, ଯୁକ୍ତରାଷ୍ଟ୍ର ଆମେରିକା

BLACK EAGLE BOOKS

USA address:
7464 Wisdom Lane
Dublin, OH 43016

India address:
E/312, Trident Galaxy, Kalinga Nagar,
Bhubaneswar-751003, Odisha, India

E-mail: info@blackeaglebooks.org
Website: www.blackeaglebooks.org

First International Edition Published by
BLACK EAGLE BOOKS, 2024

APADEBATA

by **Manoranjan Sahoo**
Cell : 9937430198
Email: msahoo9937@gmail.com

Copyright © Manoranjan Sahoo

All rights reserved. No part of this publication may be reproduced, stored in a retrieval system, or transmitted, in any form or by any means, electronic, mechanical, photocopying, recording or otherwise without the prior permission of the publisher.

Cover Concept: **Krusna Sabaramati**
Interior Design: Ezy's Publication

ISBN- 978-1-64560-533-1 (Paperback)

Printed in the United States of America

ଉତ୍ସର୍ଗ...

ସବୁ ଅପଦେବତାଙ୍କ କୋପଦୃଷ୍ଟିରୁ ଘଣ୍ଟ ଘୋଡ଼େଇ କୋଳକୁ ଆଉଜି ନେଇଥିବା ବାପା, ବୋଉଙ୍କ ହାତରେ...

ସ୍ୱୀକାରୋକ୍ତି

ଖୁସିର କଥା ଦୀର୍ଘ ଦୁଇ ଦଶନ୍ଧି ପରେ (ମୋର ଅବହେଳାରୁ) ମୋର ପ୍ରଥମ କବିତା ସଂକଳନ 'ଅପଦେବତା'ର ଦ୍ୱିତୀୟ ସଂସ୍କରଣ ଆତ୍ମପ୍ରକାଶ କରିବାକୁ ଯାଉଛି ।

ଏହାର ପ୍ରଥମ ସଂସ୍କରଣର ଜନ୍ମୋତ୍ସବର ବରେଣ୍ୟ ଅତିଥିମାନେ ଯେଉଁମାନେ ଏ କବିତା ଗୁଡ଼ିକ ଉପରେ ଆଲୋଚନା କରିଥିଲେ ସଂକଳନଟିକୁ ଲୋକାର୍ପିତ କରିଥିଲେ ଉଣେଇଶ ଶହ ଅନେଶତର ମହାବାତ୍ୟାର ପରେ ପରେ ଦୁଇହଜାର ମସିହା ଅକ୍ଟୋବର ଅଣତିରିଶ ତାରିଖ ଏମିତି ଏକ ସନ୍ଧ୍ୟାରେ ମହାବାତ୍ୟାର ବର୍ଷପୂର୍ତ୍ତି ଓ 'ଅପଦେବତା'ର ଜନ୍ମଉତ୍ସବରେ । ପ୍ରଖ୍ୟାତ ସମାଲୋଚକ ପ୍ରାବନ୍ଧିକ ଡଃ ଉମେଶ ପତ୍ରୀ, ବିଶିଷ୍ଟ କଥାକାର ଡଃ ରାମଚନ୍ଦ୍ର ବେହେରା, ଡଃ ବାସୁଦେବ ଦାସ, ବିଶିଷ୍ଟ କବି ଡଃ ବ୍ରହ୍ମାନନ୍ଦ ଦାସ, କବି ରମେଶ ପ୍ରତାପ, କଥାକାର ଆର୍ଯ୍ୟଯଜ୍ଞ ଦତ୍ତ, କବି ଅନ୍ନପୂର୍ଣ୍ଣା ମହାନ୍ତି, ସାହିତ୍ୟିକ ସୁବାସ ମହାପାତ୍ର, ଗାଳ୍ପିକ ସର୍ବେଶ୍ୱର ସେଣ, ସର୍ବୋପରି ଯାହାଙ୍କ ଉଦ୍ୟମରେ 'ଅପଦେବତା'ର ଲୋକାର୍ପଣ ଉତ୍ସବ ସମ୍ଭବପର ହୋଇପାରିଥିଲା ବନ୍ଧୁ କବି ଗାଳ୍ପିକ ଡଃ ବିରଜା ରାଉତରାୟଙ୍କୁ କୃତଜ୍ଞତା ଜଣାଉଅଛି ।

ଏହି ସମାରୋହରେ ମତେ ଉତ୍ସାହିତ କରିଥିବା ଓ ଆଲୋଚନାରେ ଭାଗନେଇ 'ଅପଦେବତା'ର କବିତାଗୁଡ଼ିକ ଉପରେ ଆଲୋକପାତ କରିଥିବା ସାହିତ୍ୟିକ ବନ୍ଧୁ ଅନୁବାଦକ ଶ୍ରୀ ନିରଞ୍ଜନ ଜେନା, ଗାଳ୍ପିକ ରାମଚନ୍ଦ୍ର ସାହୁ (ରତ), ଡଃ କାର୍ତ୍ତିକ ଚନ୍ଦ୍ର ସାହୁ, ଗାଳ୍ପିକ ଡଃ ଅରବିନ୍ଦ ଧଳ, ସାମ୍ବାଦିକ ବନ୍ଧୁ ମାନସ ପଣ୍ଡା, ବନ୍ଧୁ ଗାଳ୍ପିକ ସରୋଜ ମହାନ୍ତି, ବନମାଳି କର ପ୍ରମୁଖ ସାହିତ୍ୟିକଙ୍କ ଋଣ ସ୍ୱୀକାର କରୁଛି । କବି ବନ୍ଧୁ ଅଧ୍ୟାପକ ଯତିନ୍ଦ୍ର କୁମାର ରାଉତଙ୍କୁ କୃତଜ୍ଞତା ଜଣାଉଅଛି 'ଅପଦେବତା'ର ଲୋକାର୍ପଣ ଉତ୍ସବରେ ଉପସ୍ଥିତ ସମସ୍ତ ଅତିଥି, ଶୋତୃମଣ୍ଡଳୀଙ୍କୁ ଧନ୍ୟବାଦ ଅର୍ପଣ କରିଥିବାରୁ ।

ତାଙ୍କର ଅସୁସ୍ଥତାର କାରଣରୁ ଉକ୍ତ ଲୋକାର୍ପଣ ଉତ୍ସବରେ ଯୋଗଦେଇ ପାରିନଥିବା ଏବଂ ପରେ ସଂକଳନରେ ସନ୍ନିବେଶିତ କବିତାଗୁଡ଼ିକୁ ପଢ଼ି ଏକ ଦୀର୍ଘ

ଚିଠି ଲେଖିଥିବା (କବିତା ସମ୍ପର୍କରେ) ଦିବଂଗତ କବି ମୋର ପ୍ରିୟ ଶ୍ରୀଯୁକ୍ତ ୰ ଦୀପକ ମିଶ୍ରଙ୍କୁ ଆଜି ସ୍ମରଣ କରୁଛି, ପ୍ରଣାମ ସହିତ।

'ଅପଦେବତା'ର ପୂର୍ବୋକ୍ତ କବିତା ସହିତ କିଛି ନୂତନ କବିତା ଏ ଦ୍ୱିତୀୟ ସଂସ୍କରଣରେ ସଂଯୋଗ କରାଯାଇଛି, ଯାହା ଏବେ ଦୁଇ ତିନି ବର୍ଷ ତଳେ ରଚିତ। ଆଶା କରେ ମୋର ପ୍ରିୟ ପାଠକ ତାହା ଗ୍ରହଣ କରିବେ।

ଏଇ ସଂକଳନରେ ଥିବା କିଛି କବିତାକୁ ପ୍ରଥମେ ତାଙ୍କ ସମ୍ପାଦନରେ ପ୍ରକାଶ ପାଉଥିବା 'ଈଶା' ପତ୍ରିକାରେ ପ୍ରକାଶ କରି ପାଠକଙ୍କ ଦୃଷ୍ଟି ଆକର୍ଷଣ କରିଥିବା ମୋର ପ୍ରିୟ ପୂଜ୍ୟ ଶ୍ରୀଯୁକ୍ତ ଶ୍ରୀରାମ ଦାଶଙ୍କ ନିକଟରେ ପ୍ରଣାମ ଓ କୃତଜ୍ଞତା ଜ୍ଞାପନ କରୁଛି।

'ବ୍ଲାକ୍ ଇଗଲ୍ ବୁକ୍ସ' ପ୍ରକାଶନୀ ସଂସ୍ଥାର ପ୍ରାଣ ପ୍ରତିଷ୍ଠାତା ସୁସାହିତ୍ୟିକ କବି ଶ୍ରୀଯୁକ୍ତ ସତ୍ୟ ପଟ୍ଟନାୟକ ଭାଇଙ୍କୁ କୃତଜ୍ଞତା ଜଣାଉଅଛି, ସେ ଏହାର ଦ୍ୱିତୀୟ ସଂସ୍କରଣ ପ୍ରକାଶ କରିବାକୁ ସହୃଦୟତାର ସହିତ ସମ୍ମତି ପ୍ରଦାନ କରିଥିବାରୁ।

ବନ୍ଧୁ ଅଶୋକ ପରିଡ଼ାଙ୍କୁ ଧନ୍ୟବାଦ ଦେଉଛି ଯେ'କି Black Eagle Booksର ପରିଚାଳକ (India) ତଥା ଏ ସଂକଳନର Interior Degisn ନିର୍ଭୁଲ ଭାବେ କରିଥିବାରୁ ଓ ଏହାର ସମ୍ପାଦନା ଦାୟିତ୍ୱ ନେଇ ଏଇଟିକୁ ପୁନର୍ବାର ଲୋକଲୋଚନକୁ ଆଣିଥିବାରୁ।

ଏହାର କବିତାଗୁଡ଼ିକୁ ସାହିତ୍ୟ ପୃଷ୍ଠାରେ ସ୍ଥାନ ଦେଇ ପ୍ରକାଶ କରିଥିବା ପତ୍ରପତ୍ରିକା ଈଷା, ଚନ୍ଦନ, ପ୍ରଜାତନ୍ତ୍ର, ପ୍ରଜାତନ୍ତ୍ର ସାପ୍ତାହିକୀ, ଧରିତ୍ରୀ, ପ୍ରଗତିବାଦୀ, ପ୍ରମେୟ, ତୀରତରଂଗ, ପ୍ରତିବେଶୀ, ଶୈଳଜା, ଉଦ୍‌ଭାସ, ଜନସୁଧା, ମିନର୍ଭା, ଆମ ଗାଁ ଆମ ସ୍ୱର, ପୁଷ୍ପାଞ୍ଜଳି, ସମ୍ଭାବନା, ସମ୍ବାଦ, ଧ୍ୱନି ପ୍ରତିଧ୍ୱନିର ସମ୍ପାଦକମାନଙ୍କୁ ମୋର କୃତଜ୍ଞତା ଜ୍ଞାପନ କରୁଛି।

ପ୍ରକାଶିତ କବିତା ଉପରେ ଆଲୋଚନା କରିଥିବା ପ୍ରାବନ୍ଧିକ ଶ୍ରୀଯୁକ୍ତ ସୁଭାଷ ଶତପଥୀ 'ପ୍ରମେୟ', ଶିକ୍ଷାବିତ୍ ଶ୍ରୀଯୁକ୍ତ ଅଭିରାମ ବିଶ୍ୱାଳ, କବି ଡଃ ଅପର୍ଣ୍ଣା ମହାନ୍ତି, କବି ମୋନାଲିସା ଜେନା, କବି ପ୍ରାବନ୍ଧିକ ସମାଲୋଚକ ଡଃ ଦିଲ୍ଲିପ କୁମାର ସ୍ୱାଇଁ, ପ୍ରାବନ୍ଧିକ ଡଃ ବେଣୁଧର ପାଢ଼ୀ, ଗାଳ୍ପିକ ଅତୁଲ ବଳ, ଗାଳ୍ପିକ ଡଃ ପ୍ରକାଶ କୁମାର ପରିଡ଼ା, ଗାଳ୍ପିକ ଡଃ ଅରବିନ୍ଦ ଧଳ, ସାମ୍ବାଦିକ ବନ୍ଧୁ ମାନସ ପଣ୍ଡାଙ୍କୁ ମୋର ଅନ୍ତରର କୃତଜ୍ଞତା ଜଣାଉଅଛି।

ପ୍ରିୟ ଗାଳ୍ପିକ ଅଦ୍ୱୈତ ମହାନ୍ତି ଯିଏ ମୋତେ ଉତ୍ସାହିତ କରିଛନ୍ତି ମୋର ଲେଖାଲେଖି ପାଇଁ, ତାଙ୍କୁ ଆଜି ସପ୍ରଣାମ ସ୍ମରଣ କରୁଅଛି।

ପ୍ରିୟ କବି ଜୟନ୍ତ ମହାପାତ୍ର, ପ୍ରିୟ ଗାଳ୍ପିକ ରାମଚନ୍ଦ୍ର ବେହେରାଙ୍କ ଏତେ

ଭଲପାଇବା, ତାଙ୍କୁ ଶୀର୍ଷକ କରି କବିତା ଲେଖିପାରିଥିବାରୁ ନିଜକୁ ଧନ୍ୟ ମନେକରୁଛି ।

ଶହେବର୍ଷର ଓଡ଼ିଆ କବିତା "Varnamala Anthology of Odia Poetry" (1901-2000) ରେ କତିପୟ କବିଙ୍କ ଭିତରେ ମତେ ସ୍ଥାନଦେଇ ମୋର ଏକ କବିତା (ଜେଜେଙ୍କ ଚଷମା)ର ଇଂରାଜୀ ଅନୁବାଦ ପ୍ରକାଶ କରିଥିବାରୁ ପ୍ରିୟ କବି ଶ୍ରୀଯୁକ୍ତ ରାଜେନ୍ଦ୍ର କୁମାର ପଣ୍ଡାଙ୍କୁ ପ୍ରଣାମ କରୁଅଛି ।

ଆନ୍ତର୍ଜାତୀୟ ଇଂରାଜୀ କବି ଶ୍ରୀଯୁକ୍ତ ରବୀନ୍ଦ୍ର କୁମାର ସ୍ୱାଇଁ, ଇଂରାଜୀ କବି ପିତାମ୍ବର ନାୟକ (ବେଙ୍ଗାଲୁରୁ) ମୋର କବିତାକୁ ଇଂରାଜୀରେ ଅନୁବାଦ କରିଥିବାରୁ, କବି ଅନୁବାଦକ ଶ୍ରୀଯୁକ୍ତ ୰ କୁମାର ହସନ ମୋର କେତୋଟି କବିତାକୁ ହିନ୍ଦୀରେ ଅନୁବାଦ କରି ପ୍ରକାଶ କରିଥିବାରୁ, ପ୍ରାବନ୍ଧିକ ଡଃ ବେଣୁଧର ପାଢ଼ୀ ତାଙ୍କର ଓଡ଼ିଆ ସାହିତ୍ୟର ଇତିହାସରେ ମତେ ସ୍ଥାନଦେଇ ଆଲୋଚନା ପୃଷ୍ଠାକୁ ଆଣିଥିବାରୁ ସେମାନେ ମୋର ନମସ୍ୟ । ସେମାନଙ୍କ ଋଣ ସ୍ୱୀକାର କରୁଛି ।

Hyderabadରୁ ପ୍ରକାଶିତ 'Fury Species an anthology of Odia Poetry'ରେ 'ଅପଦେବତା'ର ତିନୋଟି କବିତାକୁ ଇଂରାଜୀରେ ଅନୁବାଦ କରି ପ୍ରକାଶ କରିଥିବାରୁ, ସମ୍ପାଦକ ଶ୍ରୀଯୁକ୍ତ ପିତାମ୍ବର ନାୟକଙ୍କ ପାଖରେ କୃତଜ୍ଞତା ଜଣାଉଛି ।

କବି ସୂର୍ଯ୍ୟମିଶ୍ର, ଭାରତ ମାଝି, ଚିରଶ୍ରୀ ଇନ୍ଦ୍ର ସିଂ, ରମାକାନ୍ତ ସାମନ୍ତରାୟ, ପବିତ୍ର ମୋହନ କର, ଶତ୍ରୁଘ୍ନ ପାଣ୍ଡବ, କ୍ଷୀରୋଦ ପରିଡ଼ା, ବିଜୟାନନ୍ଦ ସିଂ, ପ୍ରମୋଦ ପ୍ରତାପ, ଲିଙ୍ଗରାଜ ମହାନ୍ତି, ପ୍ରେମାନନ୍ଦ ଖଣ୍ଡୁଆଳ, କବି ଶ୍ରୀଧର ସାମଲ, ନିରଞ୍ଜନ ମେକାପ, ଗିରୀଶ ସାହୁ, ପ୍ରଜ୍ଞା ପାରମିତା ଦାସ, ଗାୟତ୍ରୀ ଆର୍ଯ୍ୟ, ବୃନ୍ଦାବନ ଦାସ, ନବଜ୍ୟୋତି ରାୟ, ପ୍ରଦୀପ ନାୟକ, ନିଗମ ଭାଇ, ସଂଗ୍ରାମ ଭାଇ, ସାନଭାଇ ମାତୃଦତ୍ତ, ସାମ୍ବାଦିକ ଦିଲ୍ଲୀପ ଶତପଥୀ, ଅନୁଜ ଡାଃ ରଶ୍ମିରଞ୍ଜନ, ସାନବୋହୂ ତନୁଶ୍ରୀ, ପବିତ୍ର ବ୍ରହ୍ମପୁତ୍ର, ଆଲୋକ, ରଞ୍ଜନ ପ୍ରଧାନ, ଯେଉଁମାନେ ମତେ ଖୋଜନ୍ତି କବିତାରେ ସେମାନଙ୍କୁ ଶୁଭେଚ୍ଛା ।

ଅପଦେବତାର ଦ୍ୱିତୀୟ ସଂସ୍କରଣର ପ୍ରଚ୍ଛଦ ପରିକଳ୍ପନା କରିଥିବା ମୋ ଝିଅ କୃଷ୍ଣାକୁ ଧନ୍ୟବାଦ ଦେଉଛି ।

ମୋ ଲେଖକ ଜୀବନର ଆଦ୍ୟ ପ୍ରେରଣା ଗତ ତେଇଶ ବର୍ଷ ତଳେ ଏ ସଂକଳନଟିକୁ ଯାହାଙ୍କୁ ଉତ୍ସର୍ଗ କରିଥିଲି, ଆଉ ଇହଧାମରେ ନ ଥିବା ମୋର ବାପା, ବୋଉଙ୍କୁ ଭୂମିଷ୍ଠ ପ୍ରଣାମ କରୁଛି ।

ମୋର ସବୁ ଅସହାୟତାରେ ସହାୟତାର ହାତ ବଢ଼େଇଥିବା ପତ୍ନୀ ଶାନ୍ତିକୁ ବଧେଇ ଜଣାଉଅଛି ।

୧୯୯୯ ମହାବାତ୍ୟା ପରେ ସୃଷ୍ଟି ଏ ମୋର କବିତା ସଂକଳନଟିର ନାମକରଣ 'ଅପଦେବତା' ରଖିବାକୁ ମୁଁ ସ୍ଥିର କରେ ଆଉ ଏଥିରେ ସଂଲଗ୍ନ କବିତା ମଧ୍ୟରୁ କେତୋଟିର ଉଦାହରଣ ଦେଇ କହେ -

କାବୁଲ୍‌ର ଆକାଶ ତଳେ
ପ୍ରଥମେ ବୁଦ୍ଧଙ୍କୁ
ବିସ୍ଫୋରିତ ହେବାକୁ ପଡ଼ିଥିଲା
ଧାର୍ମିକ ନେତାର ବନ୍ଧୁକ ମୁନ
ତାଡ଼ି ଦେଇଥିଲା ଇତିହାସର ମାଟି
ନା, ରହିବାକୁ ଜାଗା ନାହିଁ
ଏବେ ଆଉ କାହାର,
ନା, କୌଣସି ଅତୀତର
ନା, କୌଣସି ଭବିଷ୍ୟତର ।

ସେଇପରି ଭୋକିଲା ପେଟ ପାଇଁ ଜହ୍ନ ହେଇଯାଏ ରୁଟିଥାକେ । ଆଉ ରାଧାନାଥଙ୍କ ଚିଲିକାରେ ଶୀତ ଆସେ, ସୂର୍ଯ୍ୟବୁଡ଼େ ଚିଲିକାର ନୀଳ ଜଳରାଶିକୁ ରକ୍ତରଞ୍ଜିତ କରି, ବରକୁଳ ପାନ୍ଥ ନିବାସରୁ ସଞ୍ଚରି ଆସେ ଗୋଟେ ମରାଳ ମାଂସର ବାସ୍ନା ।

ଶେଷରେ ଏ ସଂକଳନ ପରିପ୍ରେକ୍ଷୀରେ ଆଉ ଦୁଇପଦ କହି ମୋର ସ୍ୱୀକାରୋକ୍ତି ଶେଷ କରିବି ।

ଓଡ଼ିଶାର ପ୍ରଥିତଯଶା କବି ଡଃ ସୀତାକାନ୍ତ ମହାପାତ୍ରଙ୍କ ଦ୍ୱାରା ସଂଗୃହୀତ ଓ ଅନୁବାଦିତ ଦୁଇଟି କବିତା ଯାହାଦ୍ୱାରା ମୁଁ ଗଭୀର ଭାବେ ପ୍ରଭାବିତ, ମତେ ବାରମ୍ବାର ପଢ଼ିବାକୁ ପ୍ରରଣା ଦିଏ, ଗୋଟିଏ ଓଡ଼ିଶାର ଆଦିବାସୀ କବିତା -

"କଖାରୁ ଗଛ ଦୁଇପତ୍ର ହେବାକ୍ଷଣି
ତାକୁ ପଡ଼େ ଦୁଃଖ, ଲୋକେ ତୋଳି ନିଅନ୍ତି
ଶାଗ ପାଇଁ ।"

ଅନ୍ୟଟି ସୁଦୂର ମାସିଡୋନିଆର କବିତା, ଯାହାର କବିଙ୍କର ନାମ ଅଗୋଚର, କବିତାଟି ଏହିପରି -

ନଅ ଭାଇ; ନଅ ମିସ୍ତ୍ରୀ କାନ୍ଥଟିଏ ଗଢ଼ନ୍ତି
ଦିନରେ କାନ୍ଥ ତିଆରି ହୁଏ, ରାତିକୁ ଭାଙ୍ଗିଯାଏ ।
ନଅଜଣ ଯାକ ମିସ୍ତ୍ରୀ ନଅଭାଇ ପ୍ରତିଜ୍ଞା କରନ୍ତି
କାଲି ଯିଏ ଖାଇବା ନେଇ ଆସିବ

ତାକୁ କାନ୍ଥତଳେ ପୋତିଦେବା,
ତେବେ କାନ୍ଥ ଆଉ ଭାଙ୍ଗିପଡ଼ିବନି।
ସମସ୍ତେ ଘରକୁ ଫେରି ଆପଣା ଆପଣା ସ୍ତ୍ରୀଙ୍କୁ ପ୍ରତିଜ୍ଞା କଥା କହିଲେ।
କେବଳ ସାନଭାଇ ତା' ସ୍ତ୍ରୀକୁ କହିଲାନି
ପରଦିନ ସାନଭାଇର ସ୍ତ୍ରୀ ଖାଇବା ନେଇ ଆସିଲା
ସାନ ଭାଇ ତାକୁ ଦେଖି କାନ୍ଦିଲା ଓ
ନଅଭାଇ କାନ୍ଥତଳେ ତାକୁ ପୋତିଦେଲେ ।
ଶବ୍ଦ ଶୁଭିଲା : ହେ ନଅ ଭାଇଏ ନଅମିସ୍ତ୍ରୀ
ମୋ ଡାହାଣ ହାତ, ମୋ ବାମସ୍ତନ ଏତିକିକୁ ବାହାରକୁ ରଖ
ପୋତି ଦିଅନି, ମୁଁ ତେବେ କୁନିପୁଅଟିକୁ ଦୁଧ ଦେଇପାରିବି
ସେଇଆ ହେଲା, ବାହାରକୁ ରହିଲା
ତା'ର ଡାହାଣ ହାତ ଓ ବାମ ସ୍ତନ।

(କବିତା - କନିଆଁର ନାଁ ସ୍ମୃମା)

ଏଠି 'ଦେବତା'ମାନେ ଯେମିତି ସ୍ୱଅଧିକାର ସାବ୍ୟସ୍ତ କରନ୍ତି 'ଅପଦେବତା' ମାନେ ମଧ୍ୟ ସେମିତି।

ଯାହାଙ୍କୁ ଆମେ ସ୍ୱୀକାର କରିବାକୁ ବାଧ୍ୟ ଆଉ କରୁଥିବୁ ମଧ୍ୟ।

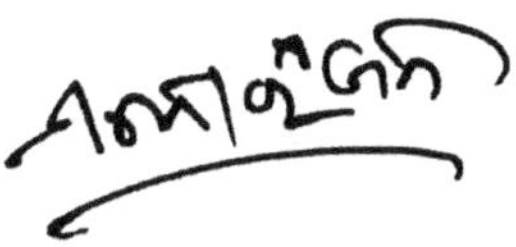

ଇନ୍ଦୁପୁର
୨୯ ଅକ୍ଟୋବର, ୨୦୨୩

ଏଥିରେ ଅଛି

ମୁଣ୍ଡପୋତା କେଳା ୧୭
ପାମ୍ପରା ଥୁଣ୍ଟା ଗଛ କଥା ୧୯
ଶୀତଦିନେ, ବୋଉ ୨୧
ରାଣୀ ଗୁମ୍ଫା ୨୩
ଭୟ ୨୪
ଆଜିର କାଗଜ ୨୫
କାର୍‌ଗିଲ୍ ୨୭
ଚାନ୍ଦିପୁର ୨୮
ସଂକ୍ରାମକ ୨୯
ରାଧାନାଥଙ୍କ ଚିଲିକାରେ ଶୀତ ୩୧
ମହାବାତ୍ୟାର କଥା ୩୩
ବାପା ୩୫
ବହି ୩୬
ଘଣ୍ଟିବନ୍ଧା ବିରାଡ଼ି ୩୭
ଚତୁର୍ଥ ମାଙ୍କଡ଼ କଥା ୩୯
ଶିଳାନ୍ୟାସ ପର୍ବ ୪୦
ଭାରି ଶୀତ ୪୧
ଭୁବନେଶ୍ୱର: ପଚାଶ ବର୍ଷର ୪୨
ଆସନ ୪୩
ଦଳ ୪୪
କୋଣାର୍କ ୪୫
ପ୍ରତିବର୍ଷ କୁମାର ପୂର୍ଣ୍ଣିମା ୪୬
କବିତାର ମଞ୍ଜି ପୋତି ଦେଲି ୪୭
ଆମର ଲୋଡ଼ା ୪୮
ମାଟିକୁଣ୍ଡ ୪୯
ଫସଲ ବୁଣିବା ପୂର୍ବରୁ ୫୦
କାନ୍ଦେ ଗାଁରେ ସୀତାଚୋରୀ ୫୧
ହାତୀ ୫୩
କାର୍‌ଗିଲ୍ : ବରଫ ତରଳିବା ପରେ ୫୪

ଦିନେ ମଣିଷ ନ ଥିଲା	୫୪
କଳା ଘୁମର ମେଘ ସହ ଦୁର୍ଦ୍ଦାନ୍ତ ନଇବଢ଼ିରେ ଆକ୍ରାନ୍ତ ଗୋଟେ ଗାଁ	୫୭
କେନ୍ଦ୍ରାପଡ଼ା	୫୯
ସ୍ୱାତୀ ସିନେମା ହଲ, ତାଟି ଘେରା ହୋଟେଲ ଆଉ ଫୁଟୁକା	୬୦
ଡାଙ୍ଗମାଳ	୬୨
ସର୍କସ ଦେଖା	୬୩
ମୋ ଦେଶ ପାଇଁ ଦୁଇଟି କବିତା	୬୪
ଅପଦେବତା, ଅନ୍ୟ ଏକ ମୃତ୍ୟୁ	୬୫
ଦୁଇଟି କବିତା	୬୮
ଫେରିବାକୁ ଦିଅ	୬୯
ଶବ	୭୧
ସଂସାରୀ ପକ୍ଷୀ	୭୨
ମରୁଡ଼ି	୭୩
ଏବେ କିଛି ଭଲ ଲାଗେନି	୭୪
ଆଜିର କବିତା	୭୭
ଫେରାର୍ ସମୟ	୭୮
ଗାୟତ୍ରୀ ଆର୍ଯ୍ୟ	୭୯
ନୂଆ ହାଟରେ ସୁନୀତା ରଇତ	୮୦
ଝଡ଼ର ଦୁଇଟି କବିତା	୮୩
ଭିନ୍ନ ସ୍ୱରର ୪ଟି କବିତା	୮୪
ଆମ ଗାଆଁ ପୋଖରୀ	୮୫
ଡିଆସିଲି କାଠି	୮୭
ଝିଅ ଫେରେନି	୮୯
କବାଟ ବନ୍ଧରୁ କଳିଙ୍ଗନଗର କଟାପାଳୁଲିର କବିତା	୯୩
ରହିବାକୁ ଜାଗା ନାହିଁ	୯୬
ଆମେ ଜାଣି ନ ଥିଲୁ	୯୭
ରାଜନୀତି : ପାଗଳାମି	୯୯
ଆମର ବିଫଳତା	୧୦୧
କଳାହାଣ୍ଡି ଗୋଟେ ଆଦିବାସୀ ଝିଅ	୧୦୩
ଠିକ୍ ଭୁଲ	୧୦୪
ଭୋକର କବିତା ମୁଁ ଲେଖେ	୧୦୬

"ବିସ୍ମୃତି ଦ୍ୱାରା ଅନେକ ପ୍ରତାରିତ ହୋଇଛନ୍ତି
ମାତ୍ର ଉତ୍ତମ ବିଚାରକ ପ୍ରତାରଣା କରେନାହିଁ
ମୋର ବିଶ୍ୱାସ
ପରବର୍ତ୍ତୀ କାଳରେ
ମତେ ନିଶ୍ଚୟ କେହି
ମନେ ରଖିବେ।"
ସାଫୋ - ଗ୍ରୀସ୍‌ର କବି (ଖ୍ରୀ.ପୂ. ୭ମ ଶତାବ୍ଦୀ)

ମୁଣ୍ଡପୋତା କେଳା

ମାଛପରି ମାଟିରେ ପହଁରିଲା

କଇଁଛ ପରି ଚାଲିଲା

ଘୋଡ଼ା ପରି ଦୌଡ଼ିଲା

ଆଉ ତା'ର ପଖାଳ ହାଣ୍ଡି
ଖଜୁରୀ ଚଟେଇ
ତାଳବରଡ଼ା ମୁଣା
ଖଣ୍ଡେ ଲୁହା ଶାବଳ ପାଖରେ ବସି
କୁକୁର ପରି ଭୁକିଲା

ଶେଷରେ
ମାଟି ଭିତରେ ମୁଣ୍ଡକୁ ପୋତିଲା
ବାହାରକୁ
ପେଟକୁ ଦେଖେଇ ।

ପାମ୍ପରା ଥୁଣ୍ଟା ଗଛ କଥା

ଗୋଟିଏ ଗାଁର ଗୋଟିଏ ପରିବାରର ବୁଢ଼ାବୁଢ଼ୀ
ଏମିତିବି ଅନେକ ଗାଁ ଅଛି।

ବଡ଼ ପୁଅ ଆଡ଼େ ବୁଢ଼ା
ସାନ ପୁଅ ଆଡ଼େ ବୁଢ଼ୀ
ଅଲଗା ଅଲଗା ସେମାନେ
ଅଲଗା ଅଲଗା ଦୁଇ ବଖୁରିଆ ଘରେ
ସବୁ କିଛି ଅଲଗା।

ଅଭାବୀ ସଂସାର
ସେଘରେ ସୁଆଦିଆ ତରକାରୀ ଟିକେ ହେଲେ
ବୁଢ଼ୀର ଲୋଭ ହୁଏ ଏଘରେ;
ଏଘରେ ବୁଢ଼ୀ ଜ୍ୱର କି ବ୍ୟାଧିରେ ପଡ଼ିଲେ
ବୁଢ଼ାକୁ କଷ୍ଟ ହୁଏ ସେଘରେ
ହେଲେ ତୁଣ୍ଡଖୋଲି କହି ପାରନ୍ତିନି
ଡରେ,
ଭଲ ମନ୍ଦରେ କୁହନ୍ତି ତ
ତୋଡ଼ଟାଏ ଶୁଣିବାକୁ ପଡ଼େ
"ସିଏ ବୁଝିବ ତା' କଥା
ଯିଏ ଯାହା ଆଡ଼େ।"

କିଛି ରୁଚେନା ଆଉ
ବୁଢ଼ୀ କ୍ଷୀଣରୁ କ୍ଷୀଣତର ହୁଏ
ଧଇଁ କାଶରେ ସାରାରାତି ଖୁଁ ଖୁଁ
ଶବ୍ଦ ବୁଢ଼ା କାନରେ,

ଗାମୁଛା କିଣା ଟଙ୍କାରେ
ଔଷଧ କିଣି ଲୁଚେଇ ନେଇ ଦେଇଛି
ପାମ୍ପରା ଥୁଣ୍ଟାଗଛ ପରି ବୁଢ଼ା
ଯେମିତି, କେବଳ ବୁଢ଼ୀ ପାଇଁ ହିଁ
ଛିଡ଼ା ହେଇଛି ।

■

ଶୀତଦିନେ, ବୋଉ

କିଛି କହିବାର ନଥାଏ ବୋଉର ।

ଶୀତଦିନରେ ବୋଉ ପାଖରେ ବସେ
ବୋଉକୁ ଦେଖେ
ନିଆଁ ପୁଉଁଥାଏ
ବୋଉ
ଚୂଲି ମୁଣ୍ଡରେ;
କେତେ ଶୀତ
ବୋଉ ଦେହରେ
ଏମିତି ଖଣ୍ଡେ ଚାଦରରେ ।

ଦେଖେ
ପୁଳାପୁଳା ଛିଡ଼ିଯାଇଥିବା
ବୋଉ ଦେହର ଚାଦର
ଯେମିତିକି ମାନଚିତ୍ରରେ
ଆସାମ, ପଞ୍ଜାବ ଅବା କାଶ୍ମୀର
କିଛି କହିବାର ନ ଥାଏ
ବୋଉର ।

ମୋ ପାଟିରୁ ବାହାରିପଡ଼େ
ବୋଉ ତୁ, ଆଉ ଦୁଇଟା ଦିନ ଅପେକ୍ଷା କର
କଟକ ଗଲେ
ନୂଆ ବର୍ଷକୁ
ଏଥର
ନିଶ୍ଚେ ଆଣିଦେବି ତୋ ପାଇଁ
ଗୋଟେ ନୂଆ ନେପାଳି ଚାଦର

କିଛି କହିବାର ନ ଥାଏ ବୋଉର ।

ରାଣୀ ଗୁମ୍ଫା

ରାଣୀ ଗୁମ୍ଫାରେ ଛିଡ଼ାହୋଇ
ଆମେ ସବୁ ଆମର
ଚିତ୍ର ତୋଳି ନେଉ;

କେଡ଼େ ବିରାଟ ସେ
ଅଥଚ
ତାକୁ ଆମେ
କ୍ଷୁଦ୍ରାତି କ୍ଷୁଦ୍ର କରିବାରେ
ବ୍ୟସ୍ତ ଥାଉ ।

ଭୟ

ଆଖି ଆଉ କିଡ଼ିନୀ କାଟି ନେଇ
ବିକ୍ରି କରାଯାଉଥିବା ଗୋଟେ ସହରରେ
ମୋ ପୁଅ ସ୍କୁଲ ଯାଏ।

ଝିଅର ବ୍ୟାଙ୍କ୍ ପି.ଓ. ପରୀକ୍ଷା
ରାତି ବାରଟାରେ ତାକୁ ଟ୍ରେନ୍‌ରେ ବସାଇ
ଏଇନେ ଘରକୁ
ଫେରେ।

ନିଶ୍ୱାସ ପ୍ରଶ୍ୱାସ ନେବାରେ କଷ୍ଟ ହେଉଥିବା
ଏମିତି ଏକ ରୋଗର
ଶିକାର ହେଇଯାଏ
ମୋ ସ୍ତ୍ରୀ।

ବାହାରେ ଏବେ ଗୋଟେ ପାଗଳା କୁକୁରର
ଦୌରାତ୍ମ୍ୟ ବଢ଼ିଯାଇଛି ଯେ
ପଦାକୁ ଗୋଡ଼ କାଢ଼େ ତ
ମତେ ମାଡ଼ି ବସେ ଗୋଟେ ଭୟ।

ଆଜିର କାଗଜ

ଆମ ଘରେ ପୁରୁଣା ଖବରକାଗଜ ସବୁ
ତାରିଖ ଅନୁଯାଇ ଥାକ କରି
ରଖାଯାଏ ।

ବାପୁ, ବେବୀ ବେଳେବେଳେ
ସେଥିରୁ ଚିରି
ଜଣେ ଡଙ୍ଗା ତିଆରି କରେ ତ
ଆର ଜଣକ ଉଡ଼ାଜାହାଜ କରି
ଫୁଙ୍କି ଉଡ଼ାଏ ।

ଆଜିର କାଗଜ ପଢ଼ି ମୁଁ
ଶାନ୍ତିକୁ କହେ
କାଲି ଉପସାଗରୀୟ ଅଞ୍ଚଳରେ
ଯୁଦ୍ଧ ଲାଗିଯାଇଛି
ତୈଳ ଜାହାଜରେ ନିଆଁ
ଉଡ଼ାଜାହାଜରୁ ବୋମା
ଆମକୁ ସତର୍କ ରହିବାକୁ ପଡ଼ିବ ।

■

କାର୍ଗିଲ୍

ମୋର ପିଠିଥାଏ
ଅଥଚ ସବୁଯାକ ଗୁଳି ପାଇଁ ମୁଁ
ପତେଇ ଦେଇଥାଏ ମୋର ଛାତି
ମୋର ଟିପେ ବି ପଛଘୁଞ୍ଚା ଦେବାର
ନ ଥାଏ ।

ପାକିସ୍ତାନ :
ତାଡ଼ିନିଏ ଆଖି,
କାଟିନିଏ ଜିଭ
ଆଉ ଯୌନାଙ୍ଗ
ତା'ର ଅନ୍ଧ ବିକଳାଙ୍ଗ,
ଭୋକିଲା ଓ
ନପୁଂସକ ସନ୍ତାନର ପାଇଁ ।

(୧୯୯୯ର କାର୍ଗିଲ୍ ଯୁଦ୍ଧରେ ସହିଦ୍ ଭାରତୀୟ ବୀର ଯବାନଙ୍କୁ ଉତ୍ସର୍ଗିତ ।)

ଚାନ୍ଦିପୁର

ଦୂର ସମୁଦ୍ରରେ
ଇସ୍ପାତ ପୋତ ଜାଲ ଛାଇ
ଭାସୁଥାଏ ଯେ
ଥାଏ
ଆମେ ସବୁ ବୁଲିଯାଉ
ଚାନ୍ଦିପୁର ।

ପ୍ରସଙ୍ଗକ୍ରମେ
କଥା ହେଉ
କେମିତି ହୁଅନ୍ତା ଏଇଠୁ ଛାଡ଼ିଲେ
ଗୋଟେ ଶାନ୍ତିର କପୋତ ।

ଯେତେବେଳେ
ଅଜଣାତେ ଆମ
ମୁଣ୍ଡ ଉପରେ
ଗୋଟେ ଇସ୍ପାତ ଶାଗୁଣା
ଚକ୍କର କାଟି ଚାଲିଯାଏ ।

ସଂକ୍ରାମକ

ଖାଦ୍ୟ କହୁଛି
ମତେ ଖାଆନା,
ଫୁଲ କହୁଛି
ମତେ ଛୁଅଁନା,

ଏଇ ଆମ ତିଆରି ଖାଦ୍ୟ
ଆମ ହାତଲଗା ଫୁଲ
କଥା ହୁଅନ୍ତି ।

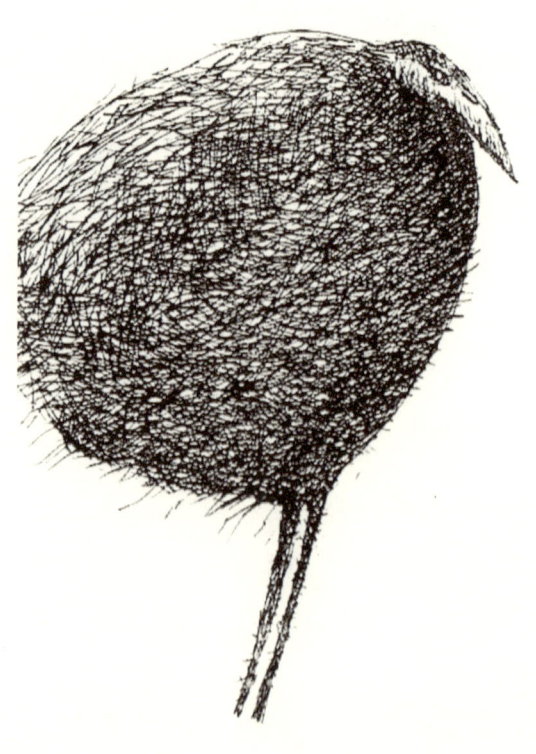

ରାଧାନାଥଙ୍କ ଚିଲିକାରେ ଶୀତ

ଶୀତ ଆସିଲେ
ମରାଳମାନେ ଆସନ୍ତି
ମଣିଷମାନେ ଆସନ୍ତି
ଉତ୍କଳ କମଳା ବିଳାସ
ଚିଲିକାର ନୀଳ ଅମ୍ବୁ ଆହୁରି ନୀଳ
ହୁଏ।

ପିଲାମାନେ ବୋଟ ଚଢ଼ି
ଜଳକ୍ରୀଡ଼ା କରନ୍ତି
ବୟସ୍କ ପୁରୁଷ ସ୍ତ୍ରୀ ଲୋକମାନେ
କାଳିଜାଈକୁ ଯାଆନ୍ତି
କଲେଜ ପଢୁଆ ପୁଅଝିଅମାନେ
ନଳବଣ ଭିତରକୁ
ପଶନ୍ତି।

ଜାଲୁଆଟେ ଜାଲ ସଜାଡୁଥାଏ
ଶିକାରୀଟେ ଫାଶ ବସାଉଥାଏ
ସୂର୍ଯ୍ୟ ବୁଡ଼େ
ଭାଲେରୀ ପାହାଡ଼ ସେକଡ଼େ
ଟିଲିକାକୁ ରକ୍ତ ରଙ୍ଗ କରି

ବରକୁଲ ପାନ୍ଥ ନିବାସରୁ
ସଂଚରି ଆସୁଥାଏ
ଗୋଟେ ମରାଳ ମାଂସର
ବାସ୍ନା !

ମହାବାତ୍ୟାର କଥା

ଏହାକୁ ବା କେମିତି ମୁଁ କହିବି
ସେଇ ସାମୁଦ୍ରିକ ଝଡ଼ର ଅନ୍ଧାର ଭିତରେ
କେମିତି ଯେ ଲକ୍ଷ ଲକ୍ଷ ସର୍ବହରା ହେଲେ
କାହାରି କାହାରି ଢିଅରେ କୁକୁରଟେ ଭୁକିବାକୁ
କେହିବି ରହିଲେନି
କେତେ ହରାଇଲେ ସ୍ତ୍ରୀ ପିଲା ବାପା ମାଆ
କେତେ ବିଧବା ହେଲେ, କେତେ ମୂକ ପାଗଳ
କେତେ ପିଲା ହେଲେ ଅନାଥ
ଭିକାରୀ ।

ଘଣ୍ଟାକୁ ତିନିଶହ ପଚାଶ କିଲୋମିଟର
ବେଗରେ ବହୁଥିବା ପବନ ଆଉ
ଛୁଞ୍ଚିପରି ଫୋଡ଼ି ହୋଇ ଯାଉଥିବା ବର୍ଷାମାଡ଼କୁ
ସାମ୍ନା କରି ଗଛ ଉପରେ ବଞ୍ଚିଯିବାକୁ
ସଂଗ୍ରାମ ଜାରି ରଖିଥିବା ଅନ୍ନପୂର୍ଣ୍ଣାର
ଦଶମାସର ଗର୍ଭ ଛୁଆଟି ପୁଅ କି ଝିଅ
ଦେଖିବା ପୂର୍ବରୁ ନାହି ନାଡ଼ ସହ
ସିଧା ପଡ଼ିଲା ମଥାନ ଉଞ୍ଚା ମାଡ଼ି ଆସିଥିବା
ସମୁଦ୍ର ଜୁଆରରେ,
ଚାଳ ଉପରେ ଜନ୍ମିଥିବା ଗୁରୁବାରୀର ଛୁଆଟି
ଖିରଟିକେ ପାଇଲାନି
ନା ଥିଲା ତା'ର ମାଆ ନା ଥିଲା
ଗୋଟେ ବି ଗାଈ କି ଛେଳି ମେଣ୍ଢା ମଇଁଷି
ଜମିର ହିଡ଼ ବାରିର ବାଡ଼ କିଛି ରହିଲାନି
ଲୁଣିଚରି ସବୁ ଯେମିତି ଏକାକାର
ହେଇଗଲା

ସରକାର କହିଲେ ପାଖାପାଖି ଦଶହଜାର
ଲୋକେ କହିଲେ ଆହୁରି ଅନେକ
ହିସାବ ଯେ କାହିଁ (?) କେତେ ମଲେ କେତେ ପୁଣି
ଭାସିଗଲେ ସମୁଦ୍ର ଢେଉରେ ।

ଅକ୍ଟୋବର ଅଣତିରିଶ ଅନେଶତର
ସେଇ ମହାବାତ୍ୟାର ଅନ୍ଧାର ଭିତରୁ
ବଞ୍ଚି ଯାଇଥିବା ଲକ୍ଷ ଲକ୍ଷ
କେବେ ନିଜ କଥା ହିଁ ଚିନ୍ତା କଲେ
ପାରିଲାବାଲା ନେତା ପୁଲିସ ଅଫିସର
ସର୍ବସାଧାରଣ
ଚୋରେଇ ନେଲେ ସରକାରୀ ରିଲିଫ୍
ଲୁଟିନେଲେ ମାଲଗୋଦାମ୍ ପଡ଼ୋଶୀଙ୍କ ସାହାଯ୍ୟ
ଖାଦ୍ୟ ବୋଝେଇ ଟ୍ରକ୍
ବିଜୁଳି ଖୁଣ୍ଟର ତାର
ଉପୁଡ଼ି କୋଟି କୋଟି ମଲା ତ ମଲା
ହାଣି ନେଲେ କେତେ ଯେ ଜୀଅନ୍ତା ଗଛ
ତାଡ଼ିନେଲେ ସ୍କୁଲ ଘର କବାଟ ଝରକା
କଳାପଟା,
ପଞ୍ଚାୟତର ନଳକୂପ ।

ସେଇ ସଂଗଠିତ ଝଡ଼ର ଅନ୍ଧାର ଭିତରୁ
ବଞ୍ଚିଯାଇଥିବା ଲକ୍ଷ ଲକ୍ଷ ପାରିଲା ନିପାରିଲା
ସମସ୍ତଙ୍କ ମୁହଁରେ ଗୋଟେ କଥା
ଚାଲଚାଲ ନେଇ ଚାଲ ଯିଏ ଯାହା ପାରୁଛ
ନିଆଁ ପାଣି ପବନ ।

■

ବାପା

ଗୋଟେ ଖୋଲା ଝର୍କା
ଖରା ଆସେ
ବର୍ଷା ଆସେ
ପବନ ଆସେ
ଏସବୁକୁ ସାମ୍ନା କରନ୍ତି ସେ
ଆମେ ସବୁ
ଆଉଜି ପଡୁ
କବାଟ କଣକୁ ।

ସେ କୁହନ୍ତି
ହାତ ବଢ଼େଇ ଦେଖ ଦେଖ
କେମିତିକା ଜାଣି ରଖ
ବାହାରର
ପବନକୁ
ବର୍ଷାକୁ, ଖରାକୁ ।

■

ବହି

ବହି ଓ ମଣିଷ
ବାହାରୁ ଉଭୟେ ସମାନ
ମଲାଟ ଓଲଟାଇଲେ
ଜାଣିହୁଏ
ବୁଝି ହୁଏ
ବହିକୁ,

ମଣିଷକୁ
ଜାଣି ହୁଏନା
ବୁଝି ହୁଏନା ।

ଘଣ୍ଟିବନ୍ଧା ବିରାଡ଼ି

ବିରାଡ଼ି ବେକରେ
ଘଣ୍ଟି ବାନ୍ଧିବା କଥାଟାକୁ
ମୂଷାମାନଙ୍କ ସମାରୋହରୁ ଜାଣିପାରି
ଆପଣାଛାଏଁ ବିରାଡ଼ି
ଘଣ୍ଟି ବାନ୍ଧିଲା,

ଆଉ
ମୂଷାମାନଙ୍କୁ
ଘଣ୍ଟିଶବ୍ଦ ଶୁଣାଇ
ସତର୍କ ରହିବାରେ ସାହାଯ୍ୟ କଲା ।

ସବୁ
ଠିକ୍ ଠିକ୍ ଚାଲିଥିଲା
ବିରାଡ଼ିର ପେଟ ବଢ଼ି ବଢ଼ି ଯିବା
ମୂଷାମାନଙ୍କର ବଂଶ
ଲୋପ ପାଇବାରେ
ଲାଗିଥିଲା ।

ଚତୁର୍ଥ ମାଙ୍କଡ଼ କଥା

କି କହିବି ବନ୍ଧୁ
ଏ ନେତ୍ର ଯାହା ଦେଖିଲା
କାଲି, ରାଜଧାନୀରୁ ଫେରିଲାବେଳେ
ଗାନ୍ଧୀଙ୍କ ତିନି ମାଙ୍କଡ଼ଙ୍କ ଚାରିପାଖେ
ଡିଆଁ ଡ଼େଇଁ କରୁଥିବାର
ଆଉ ଏକ
ମାଙ୍କଡ଼କୁ
ଦେଖିବାକୁ ମିଳିଲା ।

ସେ'
କିଛି ଦେଖି ପାରୁ ନ ଥିବାର
କିଛି ଶୁଣି ପାରୁ ନ ଥିବାର
କିଛି କହି ପାରୁ ନ ଥିବାର
ଅଭିନୟ
କରୁଥିଲା ।

ଶିଳାନ୍ୟାସ ପର୍ବ

ଶିଳାନ୍ୟାସ ପର୍ବଟା
ସରିଗଲା ପରେ ମନ୍ତ୍ରୀ ମହୋଦୟ
ରାଜଧାନୀ ଫେରିଲେ ।

ପଡ଼ି ରହିଥିଲା
ଖାଲି ବୋତଲ
ଭଙ୍ଗା ପ୍ଲେଟ୍‌
ଉନ୍ମୁକ୍ତ ଫଳକର
ଆଭରଣ
ରେଶମୀ ସୂତାର
ଡୋର ।

ଭାରି ଶୀତ

ଡାକବଙ୍ଗଳାରେ
ମନ୍ତ୍ରୀଙ୍କ ପାଇଁ ଖାସୀ ହୁଏ

ପଞ୍ଚାୟତ ପିଣ୍ଡାରେ
ଉଠା ଚୂଲିରେ କୁକୁଡ଼ା

ଠାକୁରାଣୀ ତୋଟାରେ
ଦାଦନ ଫେରନ୍ତାଙ୍କ ଲଙ୍ଗଳା ଛୁଆ
ବୁଲା କୁକୁରଙ୍କ ପରି
କୁଙ୍କୁରୀ କାଙ୍କୁରୀ ହେଉଥାନ୍ତି

ବାବାଜୀ ବେହେରା,
ବାର୍ଦ୍ଧକ୍ୟ ଭତ୍ତା, ବଖୁରିଏ ପ୍ରଧାନମନ୍ତ୍ରୀ ଘର ପାଇଁ
ଚାହିଁ ଚାହିଁ
ତା' ଆଖିରୁ ପାଣି ମରେ,

ସଂଜ ପହରୁ
ହେଂସ ଭିତରୁ ଥାଇ
ତା' ପୁଅକୁ କହେ -
"ଗୋଟେ ଡିମ ଆଣିବୁରେ
ଭାରି ଶୀତ।"

■

ଭୁବନେଶ୍ୱରः ପଚାଶ ବର୍ଷର

ଖାଲି ରାଜଧାନୀ ନୁହେଁ
ଆମ ଓଡ଼ିଶା ଭାଗ୍ୟ ବିଧାତାଙ୍କ ସହର
ଇଏ ଭୁବନେଶ୍ୱର।

ଆମର ପିଇବା ପାଇଁ ବିଶୁଦ୍ଧ ପାଣି
କ୍ଷୁଧା ପାଇଁ ବିଶୁଦ୍ଧ ଖାଦ୍ୟ
ନିଶ୍ୱାସ ପାଇଁ ଆବଶ୍ୟକ ବିଶୁଦ୍ଧ ପବନ
ସେଇଠି ଥାଏ, ଆଉ
ସେଇଠି ଥାଏ ଏସବୁର
କାଗଜ ପତର,
ଯେଉଁଥି ପାଇଁକି ବର୍ଷକ ତିନି ଶହ ପଞ୍ଚଷଠୀ ଦିନରୁ
ଏମିତି ଏକ ଦିନଟିଏ ନାହିଁ
ଯେଉଁ ଦିନରେ କି ବାହାରେ ନାହିଁ
ତୃଷାର୍ତ୍ତ ଭୋକିଲା ଆଉ ରୁଗ୍‌ଣ ଜନତାଙ୍କ
ପଟୁଆର।

ଇଏ ଭୁବନେଶ୍ୱର
ପଚାଶ ବର୍ଷରେ ଆଜି
ଦୂରକୁ ଦିଶୁଥାଏ ଜକ ଜକ
ପାଖରୁ କିଛି ଦୁଶେନା
ଜାଳଜାଲୁଆ ଅନ୍ଧକାର
ଅନ୍ଧକାର।

■

ଆସନ

ସିଂହାସନ ଅପେକ୍ଷା
ଆସନଟିଏ ବରଂ ଭଲ
ଯଦି ମୁହୂର୍ତ୍ତଟିଏ
ନିର୍ଭୟରେ
ବସି ପାରିଛି ।

ସିଂହାସନ -
ସଭିଙ୍କୁ ହାତ କରି
ଜଗିବାକୁ ପଡ଼ିଥାଏ,

ଆସନ ତ
ଏଠି, ସେଠି, ସବୁଠି
ସସମ୍ମାନେ
ମିଳିଯାଏ ।

■

ଦଳ

କ୍ଷେତରେ ପଙ୍ଗପାଳ

ପୋଖରୀରେ
ବୋର ଝାଞ୍ଜି

ଗାଆଁରେ ମାଙ୍କଡ଼

ଦିଲ୍ଲୀରେ ନେତାଙ୍କ
ରାଜନୈତିକ
ଦଳ ।

କୋଣାର୍କ

ଖଣ୍ଡ ଖଣ୍ଡ ଭାଙ୍ଗି
ହଜିଯାଇଛି ଅତୀତ

ଯାହା ବିସ୍ମୃତିର କରାଳ ଗର୍ଭରେ
କବଳିତ

ଯାହାକୁ ନେଇ
ପୃଥିବୀରେ ଆମେ ଏବେ
ସଂସ୍କୃତି ସମ୍ପନ୍ନ ଭୂରି ଭୂରି ଗର୍ବିତ
ସେ
କୋଣାର୍କ ନୁହେଁ
ତା'ର
ମୁଖଶାଳା।

ପ୍ରତିବର୍ଷ କୁମାର ପୂର୍ଣ୍ଣିମା

କୁମାର ପୂର୍ଣ୍ଣିମା ଆସେ
ଯେତେବେଳେ
ଅତିକ୍ରାନ୍ତ ବୟସର କ୍ଲାନ୍ତି
କେଉଁ
କୁମାରୀର ପାଦରେ
କା' ଆଖିରେ;

ଭୁଲି ହେଇ ଯାଉଥାଏ
ଫୁଲ ଚାଙ୍ଗୁଡ଼ି, ଉଖୁଡ଼ା ଡାଲା, ପୁଚିଖେଳ
କି ଫୁଲ ବଉଳ ବେଣୀର ସ୍ୱର

ବହଳିଆ ମେଘର ଆସ୍ତରଣ ଭିତରେ
ଢାଙ୍କି ହୋଇଯାଇଥାଏ
ଜହ୍ନ।

■

କବିତାର ମଞ୍ଜି ପୋତି ଦେଲି

ଦିନେ
ତାରାମାନଙ୍କର ମଞ୍ଜି ବୁଣି ଦେଲି
ବଢ଼ି ଚାଲିଲା
ନିଜସ୍ୱ ଆଲୋକ ସହ
ଅତି ବାଇଗଣୀ ରଶ୍ମି ବିକିରଣ କରି
ମୃତ୍ୟୁମୁଖୀ ହେଲା,

ଦିନେ
କବିତାର ମଞ୍ଜି ପୋତି ଦେଲି
ବଢ଼ି ଚାଲିଲା
ସବୁଜ ଡାଳ ପତ୍ର ମେଲି
ଊର୍ଦ୍ଧ୍ୱମୁଖୀ ହେଲା।

ଆମର ଲୋଡ଼ା

ଆମର କିଛି ଲୋଡ଼ା ନାହିଁ।
ଅଛି ତ,
ନିଜକୁ ଉଇହୁଙ୍କା ଭିତରେ କିପରି
ଘୋଡ଼ାଇ ରଖିହୁଏ
ଶିଖିବା,

କ୍ଷୁଦ୍ର ସାଆଁବାଲୁଆଟି
ନିଜର ଖୋଷା ଭିତରୁ
ପଦାକୁ ବାହାରି ଆସିବାକୁ
କିପରି କୌଶଳ ଅବଲମ୍ବନ କରୁଛି
ଦେଖିବା।

ଆମର
ଆଉ କିଛି ଲୋଡ଼ା ନାହିଁ।

■

ମାଟିକୁଣ୍ଡ

ଖତ ସାର ଦେଲି
ପାଣି ଦେଲି
ରୋଗ ପୋକକୁ ଆକଟ କଲି
ମଞ୍ଜି ଗଜା ହେଲା
ପତ୍ର ମେଲିଲା
କୁଆଁ ଶାଖା ଦେଲା

ଦିନେ ଦେଖେ ତ
କୁଣ୍ଡରୁ ବାହାରି ଆସିଛି
ପଦାକୁ
ଗୋଟେ ଚେର

କ'ଣ ଖୋଜୁଛି
ଆଉ ଗୋଟେ ମାଟିକୁଣ୍ଡ ?

■

ଫସଲ ବୁଣିବା ପୂର୍ବରୁ

ଫସଲ ବୁଣିବା ପୂର୍ବରୁ
ସେମାନେ ବର୍ଷା ଦେବତାଙ୍କୁ
ପୂଜା କରନ୍ତି ।

ସେମାନଙ୍କ ମାଦଳର ତାଳେ ତାଳେ
ଥାଏ ଘଡ଼ଘଡ଼ି
ଆଖି ପିଛୁଳାରେ
ବିଜୁଳିର ଚମକ

ଆଦିବାସୀ ଯୁବତୀର
ଢଳ ଢଳ ଦେହ
ଗହଳିଆ କଳା ଜୁଡ଼ାରେ
ଉଠେଇ ଆସୁଥାଏ
ମେଘ ।

କାନ୍ଦେ ଗାଁରେ ସୀତାଚୋରୀ

ଚଇତି ପୂନିର ଜହ୍ନ ଉଜାଡ଼ି ହେଇ ପଡ଼ିଛି
ଯେ ପଡ଼ିଛି ଖପର ଘର ନଡ଼ା କୁଟା ଗାଁ ଗଣ୍ଡା
ଆମ୍ବତୋଟା ପାହାଡ଼ ଜଙ୍ଗଲ ଶୁଖିଲା ନଈ
ଫଟା ଭୂଇଁ।

ଦିନସାରା କେ କୁଆଡ଼େ ନାହିଁ
ଯେ ଯୁଆଡ଼େ ଥାନ୍ତି କାମରେ ଖାଲି
ଘୁମେଇ ପଡ଼ିଥାଏ କାନ୍ଦେ ଗାଁର
ନୂଆଣିଆ ବସ୍ତି
ନିଛାଟିଆ ଖରାରେ।

ଚଇତି ପରବ ରାତିକି ଉଠିବ ପଡ଼ିବ
କାନ୍ଥ କାନ୍ଥରେ ହରିଣ, ଧନୁତୀର, ରଥଚକ, ସମୁଦ୍ର
ଅଶୋକ ବନ ଅଙ୍କାଯାଇଛି
ପଅରଦିନ ସୀତା ଭିଆ ଥିଲା
ଧେନୁଆ କନ୍ଧ ରାମ୍ ସାଜି ଧନୁ ଭାଙ୍ଗିଛି
କାଲି ଘର ଫେରନ୍ତି, ବନବାସ ଯାଇଛି
ଆଜି ସୀତା ଚୋରୀ
ଖାଲି ଗାଁଟା ସାରା ଉଠୁଛି ପଡୁଛି।

ଚମ୍ପା ମମତା ରଇବାରୀ
ଆଉରି କେତେ ଯୁଆନୀ ଟୋକୀ ପୋଲ କାମରୁ ଫେରିଲେ
ମାଇଝିମାନେ ଫେରିଲେ ହାଟରୁ ମହୁଲ ବିକି
ଯୁଆନ ଟୋକା ଓ ମରଦ ଜଙ୍ଗଲରୁ

ଆଜି କେହି କା'ର ଖୋଜ୍‌ଖବର ରଖିନି
କେହି କିଛି ବୁଝିନି ଖାଲି ଯାହା
"ମୁଣ୍ଡ ଉପରେ ଏଇତ ଜହ୍ନ ଝୁଲି ପଡ଼ିଲାଣି"
ଖିଆଲ ରଖିଛି।

ଢୋଲ, କାହାଳୀ, ଲାଉତୁମ୍ବି ସ୍ୱରରେ ସମସ୍ତେ
ରୁଣ୍ଡ ନାଟ ଦାଣ୍ଡରେ
ଆଜି ସୀତା ଚୋରୀ।

ସୀତା ମାଈର କାନ୍ଦରେ କାନ୍ଦି କାନ୍ଦି
ସଭିଙ୍କ ରାତି ପାଇଛି
କେବଳ ରାତି ପାଇନି କୁଲ୍‌ତା ବୁଢ଼ୀର
କାଲିଠାରୁ ପୋଲ କାମରୁ କଣ୍ଟ୍ରାକ୍ଟରର ଟ୍ରକ୍ ଡ୍ରାଇଭର
'ସୁର' ତା'ର ଯୁଆନ ଝିଅ ବୃନ୍ଦାବତୀକୁ
କେନ୍ ଆଡ଼େ ନେଇଯାଇଛି
ଯେ ଯାଇଛି।

■

ହାତୀ

ହାତୀ ବଳୁଆ
ହଜାରେ ମାହୁନ୍ତର ବଳ
ଏକା ଗୋଟିଏ ହାତୀଠାରେ
ହାତୀ କିନ୍ତୁ ମାହୁନ୍ତର କଥାରେ
ଚାଲେ ।

ମାହୁନ୍ତର ପ୍ରକୃତି ଭଲ ହୋଇଥିଲେ
ହାତୀ ହୋଇଥାଏ ଭଲ
ମାହୁନ୍ତ ଖଳ ପ୍ରକୃତିର ହୋଇଥିଲେ
ହାତୀ ହୋଇଥାଏ
ଖଳ ।

କାର୍ଗିଲ୍ : ବରଫ ତରଳିବା ପରେ

ଯୁଦ୍ଧ ସରିବା ପରେ
ବରଫ ତରଳିଲା, ଦୃଶ୍ୟମାନ ହେଲା
ଶତ୍ରୁପକ୍ଷର ବଙ୍କର (ଧ୍ୱସ୍ତ) କିଛି ଅଫୁଟା ଗୁଳି
ଅସଜ କମାଣ ଆଉ
ଜମାଟ ବାନ୍ଧି ରହିଥିବା
ରକ୍ତର ଧାର ସବୁ ।

ଝରଣାରେ ଅଧିକ ପାଣି ଆସିଲା
ବଢ଼ିଲା ଝିଅମାନେ ଖୋଜି ବସିଲେ
ଦୂର ପାହାଡ଼ ପରିକା ସେମାନଙ୍କ
ସ୍ୱପ୍ନ ।

ମେଷପାଳକମାନେ
କାନ୍ଧରେ ମେଷ ଶାବକମାନ ବୋହି
ସେମାନଙ୍କ ମେଷମାନଙ୍କ ସହ
ଖୋଜି ଲାଗିଲେ ଭଲ
ଘାସର ଗାଲିଚା ।

ଗାଧୁଆ ତୁଠର ଉଚ୍ଛୁଳା ପାଣିରେ
କେହି କେହି ଖୋଜୁଥିଲେ
ହଜି ଯାଇଥିବା ସେମାନଙ୍କ
ହାତର ଚୂଡ଼ି ।

ଦିନେ ମଣିଷ ନ ଥିଲା

ଆଗରୁ ବହୁ ଆଗରୁ
ଆକାଶ ଥିଲା, ଜଙ୍ଗଲ ଥିଲା
ସମୁଦ୍ର ଥିଲା ।

ତା' ପରେ ମଣିଷ ସୃଷ୍ଟି ହେଲା
ତା' ପରେ ଯନ୍ତ୍ର ସୃଷ୍ଟି ହେଲା
ଏମିତି ଏମିତି ଚାଲିଲା... ।

ମଣିଷ
ଜଙ୍ଗଲକୁ ସମୁଦ୍ରକୁ ଆକାଶକୁ
ଅକ୍ତିଆର କଲା ।

ଯନ୍ତ୍ର
ମଣିଷକୁ
ଅକ୍ତିଆର କଲା
ଏମିତି ଏମିତି ଚାଲିଲା... ।

ଆଉ ଚାଲିଲା ଯେ, ଯେଯାଏଁ
ପୃଥିବୀ ତା'ର
କକ୍ଷ ପଥରେ ଥିଲା ।

କଳା ଘୁମର ମେଘ ସହ ଦୁର୍ଦ୍ଦାନ୍ତ ନଈବଢ଼ିରେ ଆକ୍ରାନ୍ତ ଗୋଟେ ଗାଁ

କଳା ଘୁମର ମେଘ ସହ
ଗୋଟେ ଦୁର୍ଦ୍ଦାନ୍ତ ନଈବଢ଼ିରେ ଆକ୍ରାନ୍ତ ଗାଁଟିଏ
ଯେମିତି ତା'ର ଦୁର୍ଭାଗ୍ୟ ସହ ଲଢୁଥାଏ
ସେମିତି ସେମାନେ, ରାମ ଦାମ
ଦୁଇ ଭାଇ
ବଡ଼ର କିଛି ନାହିଁ ସାନର ପୁଅ ଦୁଇ।

ଚବିଶ ବର୍ଷର ଭେଣ୍ଡିଆ ଗୋଟେ ପୁଅ
ଘର ଛାଡ଼ି ଯେ କୁଆଡ଼େ ଗଲା ଦାଦନରେ
ତା'ର ସ୍ୱର ଶବ୍ଦ କିଛି ନାହିଁ
ଆଉ ସାନଟା (ବାଇଶି ବର୍ଷ) ସକାଳୁ ସକାଳୁ
ରକ୍ତ ବାନ୍ତି କଲା ଟେକି ନେଲେ
ଦେବରାଜ ଗୁରୁଜୀଙ୍କ ପାଖକୁ
ଝଡ଼ା ଫୁଙ୍କାରେ କାଳେ ବଞ୍ଚିଯିବ
ଶେଷ ଆଶ୍ରା ଟିକକ
ଆଉ ଜୀବନ ନେଇ ଫେରିଲା ନାହିଁ।

ଏମିତି ଦିନେ ଓର୍ତ୍ତନଈ କୂଳ ଖାଇଲା
ଖାଇଲା ଶହେ ବର୍ଷର ଆମ୍ବଗଛ
ପଚାଶ ସରି ବାଉଁଶ ବୁଦା, ବାଡ଼ି, ମୂଳଦୁଆ, ଘର

ପିତୃପୁରୁଷ ଉଠି ଆସିଲେ ଏଠିକି
କାହିଁ କେତେ କୋଶ ଦୂର
ପିଲାଛୁଆ ଧରି, ସାଥିରେ
ସର୍ବମୋଟ୍ ସମ୍ବଳ ଯାହା ସ୍ୱଅର୍ଜିତ
ଟଙ୍କା କେଇଟାର ପୁଞ୍ଜି ଆଉ
ଶଗଡ଼ଟାଏରେ ଲଦି ଗୋଟେ ତକ୍ତପୋଷ
କିଛି ପାରିଶୁଆ, ଆସବାବପତ୍ର
ଚାଷ ପାଇଁ ଦୁଇ ହଳ ବଳଦ
ଗୋଟେ ଧଣୁଆ ଗାଈ ।

ଆଗପଛ ହେଇ ଦୁଇ ଯାଆ ଆଖି ବୁଜିଲେ
କେବଳ ପଡ଼ି ରହିଲେ ରାମ ଦାମ ବଡ଼ ସାନ
ସେମାନେ ଦୁଇଭାଇ
ଜଣେ କାମକୁ ଯାଏ
କେଉଁଠୁ କ'ଣ କରି କିଛି ଆଣେ
ଆର ଜଣଙ୍କ ଘର ଜଗି
ନିଆଁଧୂଆଁରେ ତାକୁ ଫୁଟେଇ ଥଣ୍ଡାକରି
ନେଇଥୁଏ ।

ଖାରବେଳର ହାତୀଗୁମ୍ଫା
ଫାଟି ଆଁ କରିଥିବା ପରି
ବାପ ଅଜା ଅମଳର ସେ ମୂଳଦୁଆରେ
ଚିତେଇଥିବା କାନ୍ଥରେ କବାଟ ପଡ଼େ
ଖୁବ୍ ବେଣ୍ଟୁସୁ ବେଣ୍ଟୁସୁ
ଫିଟେ, ବି କାଉ କାଆ କହିବା ଆଗରୁ

ଆଉ ଏବେ ଦାଣ୍ଡ ଗଲା ଲୋକେ
କେହି କେହି ଶୁଣନ୍ତି
ସକାଳୁ ସକାଳୁ ଘୋଡ଼େଇ ରଖିଥିବା
ମେଘ ଅନ୍ଧାରରେ ଦାମ କହୁଥିବାର
"ସଂଜ ହେଲାଣି ଭାଇ ଡିବିଟା କେଉଁଠି ଅଛି ଲଗା"
ଯେତେବେଳେ ଘରୁ
ପଦାକୁ ଗୋଡ଼ କାଢୁ କାଢୁ
ରାମ କହୁଥାଏ
ହଉ ହଉ ।

■

କେନ୍ଦ୍ରାପଡ଼ା

ଶିକ୍ଷାମନ୍ତ୍ରୀଙ୍କ ପ୍ୟାଡ୍‌ରେ
ପ୍ରେମ ଚିଠି ଦିଏ ପିଅନ।

ସାଥୀମାନଙ୍କ ଦ୍ୱାରା
ଧର୍ଷଣଜନିତ ଅଶ୍ଳୀଳ ଫଟ
ଆଉ କ୍ୟାସେଟ୍
ଗୋଟେ ବଡ଼ ଧରଣର ଯୌନ ର୍‍ୟାକେଟ୍
ଧରା ହେଲାପରେ
କେତେକ ପୁଅ ଝିଅଙ୍କ ସହ
ଆତ୍ମହତ୍ୟା କରେ;

ମୋ ପାଖ ଦେଇ ବହିଯାଉଥିବା
ଗୋବରୀ ନଈକୁ
ପୋତି ଦିଆଯାଉଥାଏ।

■

ସ୍ୱାତୀ ସିନେମା ହଲ୍, ତାଟି ଘେରା ହୋଟେଲ ଆଉ ଫୁଟୁକା

ରେଳ ଲାଇନ୍ କଡ଼ କେଉଁ ଏକ
ଝୁମ୍ପୁଡ଼ି ଘରେ ତା'ର ଜନ୍ମ
ଆଖି ପାଇଲା ଦିନୁ ଆର ତାର ବୋଲକରି
ଯାହା ମିଳିଲା ଗଣ୍ଡେ ଖାଇଦେଇ ଶୋଇପଡ଼େ
ସିନେମା ହଲ୍‌ର ବାରଣ୍ଡାରେ
ଆସ୍ତେ ଆସ୍ତେ ଭୁଲିଯାଏ ଝୁମ୍ପୁଡ଼ି ଘର
ବୋଉ ଆଉ ରେଳଡବା
ମନେପଡ଼େ ତ ଏକମୁହାଁ ଧାଏଁ
ଆଉ ଫେରିଆସେ ବୋଉକୁ ନ ପାଇ
କୁଆଡ଼େ ଯେ ଯାଇଥାଏ।

ଏବେ ଫୁଟୁକା ସିନେମା ହଲ୍ ସାମ୍ନା
ସେ ତାଟିଘେରା ହୋଟେଲରେ କାମକଲାଣି
ଅଇଁଠା ବାସନ ମାଜେ, ପରିବା ବେଗ ବୁହେ।
କୁନ୍ଦିଲା ପରି ତା'ର ଦେହ, ଫୁଲିଲା ଫୁଲିଲା
ତା'ର ଛାତି, ଜଂଘ, ବାହୁ,

ତିନି ବଖତ ପେଟପୁରା ଖାଏ
ଆଉ ସିନେମା ଯାଏ ।

ହୋଟେଲରେ କାମ କରୁଥିବା
ତା'ଠାରୁ ବଡ଼ ପିଲାଟି ତା' ସହ ଲାଗେ
ତାକୁ ଚିଡ଼ାଏ, ଦୈନିକ ସେମାନଙ୍କ ଭିତରେ
ଏମିତି ଚାଲେ ଏପରିକି
ଉଭୟଙ୍କ ମଧ୍ୟରେ ମୁଥ ମରାମରି ଯାଏ
କଥାଯାଏ ତ, ମାଲିକ ମୁରୁକି ହସି
ଭାଙ୍ଗିଦିଏ ।

ଦିନେ ସକାଳୁ ସକାଳୁ ବଡ଼ ପିଲାଟି
ରୋଷେଇ ଘରେ ଫୁଟୁକାକୁ ମାଡ଼ି ବସି
ବିଧାପରେ ବିଧା ଥୋଇଛି
ଫୁଟୁକା ବାସନରୁ ମେଞ୍ଚେ ଅଇଁଠା ଆଣି
ସେ ଟୋକାର ମୁହଁରେ ବୋଳିଛି
ଆଉ ମାଲିକକୁ କୋହ ମିଶା ତୋଡ଼ଟାଏ ଛାଡ଼ି
କହିଛି – "ଯାବେ ଶଳା ତୋ ହୋଟେଲରେ
ଆଉ ରହିବିନି,
ସେ ଶଳା ମୋ ଗାଣ୍ଡିକୁ ଚିମୁଟିବ
ମୋ ଦୁଧକୁ ଚିପିବ ସବୁବେଳେ ଶଳା
ତୁ ବସି ଦାନ୍ତ ନିକୁଟୁଥିବୁ"
'ଯାବେ ଶଳା'– କହିଛି ତ ଯାଇଛି
ତା'ର ସେଇ ପିନ୍ଧା ପେଣ୍ଟ ପିନ୍ଧା ଜାମା ଖଣ୍ଡକରେ
ଥରୁଟିଏ ବି ମୁହଁ ବୁଲେଇ ଚାହିଁନି ପଛକୁ
ଯାଇଛି ।

■

ଡାଙ୍ଗମାଲ

ଘଞ୍ଚ ସବୁଜ ହେନ୍ତାଳ ବଣ
ଆତ୍ମ ବିଭୋର କରାଏ

ବଡ଼ ଖରା ସତ୍ତ୍ୱେ
ହରିଣର ପଛରେ ଦୌଡ଼ାଏ
ବଣକୁକୁଡ଼ା, ବାର୍‌ହା, କୁଟ୍‌ରାଙ୍କ
ଦୃଷ୍ଟି ଆଢୁଆଳରେ ଛକାଏ
ସୁନ୍ଦର ଉଡ଼ନ୍ତା ଚଢ଼େଇଙ୍କ ଆଡ଼େ
ଆଙ୍ଗୁଠିମାନ ବଢ଼ାଏ ।

ପାଣି ଭିତରେ କୁମ୍ଭୀର ମୁଣ୍ଡ ଟେକିଥାଏ
ପାଣି ଉପରେ ମଣିଷ ଆସେ
ଆଉ ଯାଏ ।

ଟିକିଏ ଅସଚେତନ ହେଇଛ ତ
ଖାଲି ମାଂସ ପିଣ୍ଡୁଳାଟେ ଛଡ଼ା
ତମେ ଆଉ କିଛି ହେଇ ନ ପାର
ନା ଥାଏ କୂଳ ନା ଦିଏ ଥଳ

ସେ ଡାଙ୍ଗମାଳ
ଡାଙ୍ଗମାଳ ।

■

ସର୍କସ ଦେଖା

କେହି କୁକୁଡ଼ା ଖାଏ
ତା'ର ପେଟ ଭରି ଉଠେ

କେହି ପାଣି ପିଏ
ତା'ର ଶୋଷ ମେଣ୍ଟେ

କେହି କାଗଜ ପୁରେଇ ଟଙ୍କା କାଢ଼ି ଆଣେ
ତା'ର ବଢ଼େ ବ୍ୟାଙ୍କ୍ ବାଲାନ୍ସ

କେହି ପଶୁପକ୍ଷୀଙ୍କୁ କରାୟତ କରେ
ତା'ର ବାହାଦୂର ନିଏ

କେହି ଅନେକ ନାରୀଙ୍କୁ ନେଇ ଖେଳେ
ତା'ର ପୌରୁଷତ୍ୱ ଦେଖାଏ

କେହି ନିଆଁ ଗିଳେ
ତା'ର ତଣ୍ଟି ପୋଡ଼ିଯାଏ।

ମୋ ଦେଶ ପାଇଁ ଦୁଇଟି କବିତା

ଏକ : ଗଣତନ୍ତ୍ର
ବିଧବାର ମୁଣ୍ଡରେ
ସିନ୍ଦୂର ପିନ୍ଧେଇ ଦେବାର
ପ୍ରତିଶ୍ରୁତି ଦିଏ
ହେଲେ ସଧବା ପରି ନୁହେଁ।

ଦୁଇ : ଜାନୁୟାରୀ ଛବିଶ
ଆମେମାନେ ଦିନେ ସ୍ୱାଧୀନତାର ସ୍ୱପ୍ନ ଦେଖିଥିଲୁ
ଆମେମାନେ
ସ୍ୱପ୍ନ ଦେଖି ନଥିଲୁ
ଜାନୁୟାରୀ ଛବିଶର।

■

ଅପଦେବତା, ଅନ୍ୟ ଏକ ମୃତ୍ୟୁ

ଆଉବା କେତେ ନିରୀହ ହେଇପାରିଲେ
କେଉଁ ଅପଦେବତାର ବଳିରୁ ମୁକ୍ତି ମିଳିବ
କହିବାକୁ ଭାଷା ମିଳେ ନାହିଁ ମୁଣ୍ଡ ନଇଁ ଆସେ ଗୋଟିଏ
ଦୀର୍ଘଶ୍ୱାସରେ ।

ଇଏ ଆମ ପୁଷ୍ପ କଥା, ପୁଷ୍ପ ମିଶ୍ର
'ବିଦଗ୍ଧଚିନ୍ତାମଣି' ଲେଖାଯାଇଥିବା ଗାଁ ଅଭିମନ୍ୟୁ ବାଲିଆର
ଝିଅ
ବାହା ହେଇଥିଲା କଟକରେ, ସ୍ୱାମୀ ପ୍ରମୋଦ ମିଶ୍ର
ଚାକିରି କରେ କମ୍ପାନୀରେ କଥାବାର୍ତ୍ତା ଇଂରାଜୀରେ
ଡିଗ୍ରୀ ପ୍ରାପ୍ତ ଶିକ୍ଷିତ ସୁନ୍ଦର ଫୁର୍ତ୍ତି ବାହାରୁ ଯାହା ଦିଶେ
ଚହେରାରେ
ସାଙ୍ଗ ମେଳରେ ନିଶା ଖାଏ ଘରକୁ ଫେରେ
ରାତି ବାରଟା କି ଗୋଟାଏରେ
ଗୋଟେ କକ୍ଷଚ୍ୟୁତ ଉପଗ୍ରହ ଏଇ ଯେମିତି କେଉଁଠି
ଧକ୍‌କା ଖାଇବ ପୃଥିବୀରେ, ସେମିତି ଗୋଟେ ଭୟ ଲାଗି
ରହିଥାଏ
କିଛି କାରଣ ଥାଉ ବା ନ ଥାଉ ଆରମ୍ଭ ହୋଇଯାଏ
ମାଡ଼ପିଟ ଫଁପଡ଼ା ଫଁପଡ଼ି ଭଙ୍ଗାରୁଜା
ସାରାଟା ଘର ଭିତରେ ।

ବର୍ଷେ ଦଶମାସର ସେମାନଙ୍କ ସମ୍ପର୍କ
ତା' ଭିତରେ ଜନ୍ମ ଦେଇଥିବା ଉଣେଇଶ ଦିନର
କୁନି କୁନି ହାତଗୋଡ଼ ଗୋଲ ଗୋଲ ଆଖି ଓଠର
ଗୋଟେ ନିଷ୍ପାପ ଝିଅଟିକୁ ସଭିଙ୍କ ଅଜ୍ଞାତସାରରେ
ଏକା ବିଛଣାରେ ନିଶା ଭୋଳରେ ଯେଉଁ ବାପ
ତଣ୍ଟିଚିପି ମାରି ଦେଇପାରେ
(ଏମିତି ପଶୁତ୍ୱ କାହିଁ ଦେଖି ନାହିଁ ସୃଷ୍ଟିର ବାହାରେ)
ଆଉ ଯେ ଶବ୍ଦ କାହିଁ କହିବାକୁ
ପୁଷ୍ପ, ତାର ମାଆ ଉପରେ ଚାଲିଥିବା ଅତ୍ୟାଚାରର କଥା
ଶ୍ୱାସରୁଦ୍ଧ ହୋଇଯାଏ ଘୃଣାରେ ଲଜ୍ୟାରେ।

କେଉଁ ନାରୀତ୍ୱ ସେଠି କାର୍ଯ୍ୟ କରୁଥାଏ ନା ନିରୀହତ୍ୱ ?
ସ୍ୱାମୀ ନିନ୍ଦା ନିଜ ନିନ୍ଦା ଭାବି ଯିଏ କାହାରିକୁ
କହିପାରିନି ଏଯାଏଁ ମୁହଁ ଖୋଲିଥରେ କାଳେ ଦୁଃଖ କରିବେ
କେତେ ଶ୍ରଦ୍ଧାରେ ବଢ଼େଇ ଆଣିଥିବା ଏପରିକି
ବାପ ଭାଇଙ୍କଠାରେ, ଆଖି ଲୁହ ଆଖିରେ ମାରେ
ଚିଠିରେ ଚିଠିରେ।

ତଥାପି ନିଜର ତାଙ୍କୁ ଭଲବାଟକୁ ଆଣିବାକୁ
ଚେଷ୍ଟାରତ, ଦିନେ, ନିଶା ଭୋଳରେ କବାଟ କିଳି
ସ୍ୱାମୀ ତା'ର ଅତ୍ୟାଚାରକରେ ପିଟେ ମାରେ ରକ୍ତାକ୍ତ କରେ
ଟିକେ ଟିକେ କଥାରେ

କହେ ଲେଖ୍ "ମୋ ମୃତ୍ୟୁ ପାଇଁ କେହି ଦାୟୀ ନୁହଁନ୍ତି
ଜୀବନ ପ୍ରତି ବିତୃଷ୍ଣା ଆସିବାରୁ ମୁଁ ମରୁଛି
ନିଜ ଇଚ୍ଛାରେ" - ପୁଷ୍ପ ଲେଖେ

କହେ ଲେଖ୍ "ବାପା ବୋଉ, ତୁମ ଜ୍ୱାଇଁକୁ ପୁଅପରି ଦେଖିବ
କିଛି ବି ଭାବିବନି ମନରେ" - ପୁଷ୍ପ ଲେଖେ

କହେ ଲେଖି "ଭାଇ ମୋ କଥା ମନେ ପଡ଼ିଲେ
ତୁମ ଝିଅର ମୁହଁ ଚାହିଁ ଦିନ କାଟିବ
ଦୁଃଖ କରିବନି ଥରେ" - ପୁଷ୍ପ ଲେଖେ

ଆଉ ଶେଷରେ ବିଷଦେଇ କହେ 'ପିଇ' - ପୁଷ୍ପ ପିଏ।

ସକାଳୁ ସକାଳୁ ପୋଲିସ୍ ଆବିଷ୍କାର କରେ
ରକ୍ତଦାଗ କବାଟର କିଳିଣିରେ
ଆହା ବିଚାରୀ କେତେ ଯେ ସଂଗ୍ରାମ ନ କରିଛି ବଞ୍ଚିବାକୁ
ପଦାକୁ ବାହାରିଆସି ଶେଷ ମୁହୂର୍ତ୍ତରେ।

ଗୋଟେ ହତ୍ୟା ମକଦ୍ଦମାର ଶୁଣାଣି ପୂର୍ବରୁ
ଲୋକେ ଆବିଷ୍କାର କରନ୍ତି ଅଧା ପୋତିହୋଇ ଦିଶୁଥିବା
ଗୋଟେ ଶବ ନିଶା ଔଷଧ ହେରୋଇନ୍ ଚରସ୍ କୋକେନ୍
ଯାହାକୁ କି ଧୀରେ ଧୀରେ ଉଖାରି ଚାଲିଥାଏ ପବନ
ମହାନଦୀର ବାଲିରେ।

■

ଦୁଇଟି କବିତା

ଏକ : ପାଞ୍ଚାଳୀ

ଦୁଇ ହାତ ସ୍ଥିର ମୋର
ଦେହରୁ ମୋ
ବସ୍ତ୍ର ଖୋଲାଯାଏ

ସରେନି ମୋ ଅଙ୍ଗରୁ ବସନ
ମୂହୁର୍ମୂହୁ ମୁଁ
କିନ୍ତୁ
ବିବସ୍ତ୍ର ହେଉଥାଏ ।

ଦୁଇ : ସମୟ

କେଉଁ ଧୂମାୟିତ ଅନ୍ଧାରି ଗୁମ୍ଫାରୁ
ସଭ୍ୟତାର ରଙ୍ଗୀନ ସ୍ୱପ୍ନରେ
ବିଭୋର;

ତଥାପି ଭୁଲିନି ସେ
ଏକାନ୍ତ ନିଜର ଭାବେ ଖୋଜୁଛି
କେଉଁଠି ତା'
ଆଦିମ ଈଶ୍ୱର ।

■

ଫେରିବାକୁ ଦିଅ

ଖୁବ୍ ଅଲୋଡ଼ା ଅଲୋଡ଼ା ଲାଗେ ଜୀବନ
ଫେରିବାକୁ ଦିଅ ସଭିଙ୍କୁ
ନଦୀକୁ ନିଦାନକୁ ନାରୀକୁ
କବିଙ୍କୁ କଳେବରଙ୍କୁ ଗୁରୁଙ୍କୁ ଗୈରିକଙ୍କୁ
ଶୋଭାଯାତ୍ରାରୁ ନେତା
ଧୂଆଁବାଣରୁ ଈଶ୍ୱର
ସଭିଙ୍କୁ ।

ଖୁବ୍ ଅଲୋଡ଼ା ଅଲୋଡ଼ା ଲାଗେ ଜୀବନ
ପିଶାଚର କବିତାରେ ଥାଏ ସ୍ୱେଚ୍ଛାଚାରୀ ରାସ୍ତାରୋକ ଧର୍ମଘଟ
ଦୁର୍ଘଟଣାରେ ପ୍ରେସ୍‌ବାଲା
ମନ୍ଦିର ମସ୍‌ଜିଦ୍ ଚର୍ଚ୍ଚରୁ ଈଶ୍ୱର ଅବା ମଣିଷ
କେହି ଫେରନ୍ତିନି, କେହିବି ଫେରନ୍ତିନି
କଣ୍ଟାମାଡ଼ି ପକେଇଥାଏ ସମୟ ।

କେହି ଫେରି ନଥାନ୍ତି ଜଡ଼ତାରୁ
ପଡ଼ୋଶୀଙ୍କ ଅନୁରୋଧ ଭଙ୍ଗା ଦର୍ପଣ ନୌକାବୁଡ଼ି
ଡାକ୍ତର ପ୍ରେସ୍‌କ୍ରିପ୍‌ସନ ତିନି ତିନିଥର ଭୁଲ ହିସାବରୁ
କେହି ଫେରନ୍ତିନି

ଇଡ଼ା ପିଙ୍ଗଳା ରକ୍ତରେ ମିଶେଇ ନେଇଥିବା ପବନ
ଖୁବ୍ ଅଲୋଡ଼ା ଅଲୋଡ଼ା ଲାଗେ ଜୀବନ।

ଗର୍ଭପାତରୁ ଶିଶୁ ଫେରେନା
ଆଞ୍ଜୁଳା ଭରି ଲାଲ କିରଣ ନେଇ ପଦ୍ମକୋରକରୁ
ପ୍ରେମିକ ଫେରେନା
ସ୍ୱପ୍ନ ସାକାର ସ୍ୱନକ୍ଷେତ୍ର
କେହିବି,

ମୋର ବା' ଆଉ ଚାରା କ'ଣ
ମୁଁ ଫେରିପାରେନା ଡାଇର୍‌ର ପୃଷ୍ଠାରୁ
ପୂର୍ବ ପ୍ରସଙ୍ଗ ସହ ସରଳାର୍ଥ ଲେଖିବାରୁ।

■

ଶବ

ଶବ ପୋତା ହୋଇଥିବା ସ୍ଥାନକୁ
ନ ଯିବା ପାଇଁ
ବୋଉ କହିଥିଲା।
ସେଇଦିନୁ ଦୂରେଇ ରହିଛି !

କାଲି ରାତିରେ
ମୁଁ ଦେଖିଥିବା ଶବର ସ୍ୱପ୍ନ
କ'ଣ
ମୋ ଭିତରେ କା'ର ଶବ
ଆତ୍ମଗୋପନ କରିଛି ! !

ଶବକଥା ଅନେକ କୁହାଯାଇଛି ;
ମୁଁ ଦେଖିଥିବା ଶବ କଥା
କେହି କେବେ କହିଛି କି ?
ସନ୍ଦେହରେ ପ୍ରତି ମୁହୂର୍ତ୍ତରେ
ମୁଁ କିନ୍ତୁ ମରୁଛି ।

ସଂସାରୀ ପକ୍ଷୀ

ମୋ ଜାଣିବାରେ
ଉଡ଼ିବାର ପ୍ରୟାସରେ ଏକ ଅଚିହ୍ନା ଅନ୍ଧାର ଭିତରୁ
ପାଦଥାପି ଜନ୍ମ ନେଇଥିଲା ଯେଉଁ ପକ୍ଷୀଟିଏ
ତା'ର ନାମ ଜୀବନ
କେତେକ କୁହନ୍ତି ସମୟର ସ୍ରୋତରେ
ଆପାତତଃ : ଜୀବନ ହେଉଛି ଏକ
ଅବୁଝା ସତ୍ୟ ॥

ଉଡୁଥିବା ପକ୍ଷୀର ପାଦରେ
ସାରୀପୁତ୍ତର ରାସ୍ତା ବେଶ୍ ଚିହ୍ନା
ଡେଣାରେ, ନଙ୍ଗଳା ମଣିଷର କାନ୍ଧରେ ଝୁଲୁଥିବା
ସର୍ବସ୍ୱ ସମ୍ପତ୍ତିକୁ ଭାରେଇବାର ଉନ୍ମାଦ ବାସନା
ଏହା ଭିତରେ ମୋ ଜୀବନ, ମୁଁ ଦେଖେ ଅଯାଚିତ ସ୍ୱପ୍ନ -
ଶ୍ମଶାନର ଫୁଲଫୁଟେ
ମୋ ହାଡ଼ ମାଂସରେ ॥

ତଥାପି ହାଏ ! ଗୋଟେ ଆଦିମ ଅହଂକାରରେ
ଭାସି ଆସୁଥିବା ନାଆଁ ଅଜଣା ପକ୍ଷୀଙ୍କ ସ୍ୱରରେ
କବିତା ଲେଖା ଚାଲିଥାଏ
ଯାହା ଭିତରେ କବିଟିଏ ମରିବି
ଅହରହ ବଞ୍ଚିଥାଏ ॥

■

ମରୁଡ଼ି

ଆମକୁ ଯେମିତି ହେଲେ
ମରୁଡ଼ିର ମୁକାବିଲା କରିବାକୁ ହେବ
ଇଏ ଗଦିରେ ବସିଥିବା ଆମ ନେତାଙ୍କ ପ୍ରତିଶ୍ରୁତି ।

ଗୃହହୀନ ବିକଳାଙ୍ଗ ଛୁଆ ବିକ୍ରି ଅନାହାର ମୃତ୍ୟୁ ଓ
ଏହାର ଅସଲ କାରଣଟାକୁ ଏଡ଼ାଇ ଯିବାର ଇଏ ଗୋଟେ
ସହଜ କୌଶଳ ।

ମରୁଡ଼ି ହେଲା ବୋଲି ସିନା
ଏତେ କଥା
ଏତେ ହଟଗୋଳ ।

କ'ଣ ଦର୍କାର ଅଛି
ଗଛଙ୍କ ମଳାଗଣ୍ଠିରେ ସବୁଜତା ଫେରାଇ ଆଣିବା
ପାହାଡ଼ର ନିଆଁରେ
ପ୍ରଚୁର ବର୍ଷାର ପ୍ରତିଶ୍ରୁତି ଦେବା ॥

■

ଏବେ କିଛି ଭଲ ଲାଗେନି

ଏବେ ଶୋଇବାରେ କୌଣସି ସମୟ ସୀମା ରହୁନାହିଁ
ନିଦ ବି ଠିକ୍‌ରେ ବୋଲରେ ଆସୁନାହିଁ
ଏ ପୃଷ୍ଠାରୁ ପଦେ ସେ ପୃଷ୍ଠାରୁ ଦି'ପଦ ଓଲଟାଉ ପାଲଟାଉ
ରାତି ବାର କି ଗୋଟାଏ ମାଲୁମ୍ ପଡୁନାହିଁ
ଏଇତ ଏବେ 'ଆପଣ ଅଛନ୍ତି', 'ଭୋର୍ ମୋତିର କାନଫୁଲ'
ପଢ଼ା ସରିଲା ଅଥଚ
ମୁଁ ସେଥିରୁ ମୁକୁଳି ପାରୁନାହିଁ।

ବିଛଣା ପାଖକୁ ଗଲେ କାନ୍ଧରେ ଟିକେ ଯନ୍ତ୍ରଣା
ଅନୁଭବ କରେ। କ'ଣ କରିବି ଏମ୍.ଆର୍.ଆଇ.
ସିଟି ସ୍କାନ୍ ଏକ୍‌ସରେ ସାନଭାଇଙ୍କୁ ପଚାରେ
କିଛି ଭଲ ଲାଗେନି, ବଗିଚାରେ
ଚଢ଼େଇମାନଙ୍କ ସହ କଥା ହୁଏ
ତାଙ୍କ ସ୍ୱର ନକଲ କରେ, କାଳେ ଭଲ ଲାଗିବ
ଆଖି ପଡ଼ିଯାଏ ଗୋଟେ ଟିକି ବସାଟି ଉପରେ
କେବେଠାରୁ ଅଣ୍ଡାରୁ ଛୁଆ ଦୁଇଟି ବାହାରି
ସକାଳର କଅଁଳିଆ ଖରାଆଡ଼େ
ଥଣ୍ଟ ମେଲିଲେଣି ଜାଣିପାରି ନ ଥାଏ
ଏଇଠି କୋଉଠି ତାଙ୍କର ବାପା ମାଆ
ତାଙ୍କ ଉପରେ ନଜର ରଖିଥିବେ।

ମତେ ଟିକେ ଅଲଗା ଲାଗୁଥାଏ ଆଜିର ସକାଳ
ଗୋଟେ ମାଂସଖିଆ କୁଆର ନଜର
ଛୁଆ ଦିଇଟିଙ୍କ ଉପରେ
ଛୋଟ ହେଲେ ବି ଆକାରରେ କି ବଳରେ
ତାଙ୍କ ବାପା ମାଆ ସଜାଗ ଥାନ୍ତି ସାହାସ ଖଟାଇ
ଏପଟ ସେପଟ ହେଉଥାନ୍ତି ତାଙ୍କ ବସା ପାଖରେ
ଗୋଟେ ଅପରିଚିତ ସ୍ୱର ତାଙ୍କ ମୁହଁରେ
ଆକ୍ରମଣ ପ୍ରତି ଆକ୍ରମଣର ପ୍ରସ୍ତୁତି ଯେମିତି

ଟିକେ ଆଡ଼ ଆଖିରେ ଚାହିଁଲି କୁଆକୁ
ପଛ କରି ଛୁଆ ଦିଇଟିଙ୍କୁ

ଆଜି ବଗିଚାର କାମ ବନ୍ଦ
ଡାଳରେ ନୂଆ ନୂଆ କଅଁଳୁଥିବା ପତ୍ର
କେତେ ଫୁଲ ଫୁଟିଛି
କେତେ କଢ଼ି ଧରିଲାଣି, କେଉଁଟାର ଆଉ କେତୋଟି
ପାଖୁଡ଼ା ମେଲିବାକୁ ବାକି ଅଛି

ଝଡ଼ି ପଡ଼ିଥିବା ଶୁଖିଲା ପତ୍ର
ଡେମ୍ଫରୁ ଖସିପଡ଼ିଥିବା ମୋଉଳା ଫୁଲ
ଘୁରୁଥିବା ପୃଥିବୀ ଦିନରାତି ପରି ଚିରାଚରିତ
ଆଜି କାହିଁକି ଝାଡୁ କରିବାକୁ ମନ ହେଲାନି

ଟିଭିରେ ସକାଳର ଖବର
ୟୁକ୍ରେନ୍ ଉପରେ ରୁଷିଆର ବୋମାମାଡ଼
ପୃଥିବୀର ନିଦ ଭାଙ୍ଗି ଦେଇଛି
ଗହମ ଆଉ ସୂର୍ଯ୍ୟମୁଖୀର ଦେଶ ୟୁକ୍ରେନ୍
ସକାଳ ଖୋଜୁଛି

ଦିନେ ଦିହିଁଙ୍କ ରକ୍ତ ଗୋଟିଏ ଥିଲା।
ଏବେ ଭିନ୍ନ ହୋଇଗଲା
ଛୋଟ ଛୋଟ ପିଲାମାନେ ବାପାମାଆଙ୍କୁ ଛାଡ଼ି
ଅନ୍ୟ ଦେଶକୁ ଚାଲିଯାଉଥିବାର କାନ୍ଦ ବୋବାଳି

ଏୟା ଭିତରେ ଅନେକ ଅନେକ ରାତି ଯାଇଛି
ଅନେକ ଅନେକ ଅନ୍ଧାର ଯାଇଛି
ଇତିହାସରେ ଆଉ ଟିକିଏ ବି ପୃଷ୍ଠା ନାହିଁ
ଆକୁ ଲେଖିବାକୁ ଆଉ ଥରେ।

ମୁଁ ଲେଖକ, କବି
ଲେଖିବା ଛଡ଼ା ଆଉ କ'ଣ ଯେ' କରିପାରନ୍ତି
ମୋ ଡାହାଣ ହାତରେ କଲମ, ବାଆଁ ହାତରେ
ସକାଳର ଚାହା କପ୍, ତା' ଭିତରେ ଚାହାତକ ସବୁ ହେମାଳ
ନା' ମୁଁ ମୁହଁ ଫେରେଇ ପାରୁଛି ସକାଳର ସେଇ
ଖବର ପ୍ରସାରଣ କରିଚାଲିଥିବା ଟିଭିରୁ
ନା' ମୋ ବଗିଚାରୁ, ସେଇ ଟିକି ଚଢ଼େଇଙ୍କ
କୁନି ବସାଟିରୁ ॥

ଆଜିର କବିତା

ଗୋଟେ ପୃଥିବୀ କ୍ଷତାକ୍ତ ଏଠି

ରାସ୍ତା କଡ଼ରେ ସେଠି,
ଜହ୍ନକୁ ରୁଟି ଥାକେ ଭାବି
ଚୋବାଇ ଚାଲନ୍ତି କେତେ କେତେ
ଆମ ପରି ସର୍ବହରାଙ୍କ
ଭୋକିଲା ପାଟି;

ଆମରି ରକ୍ତକୁ ଦେହେ ବୋଲି
ତମେ ପୁଣି ହାୟ!!
ଅହଂକାରରେ
ଲେଜର୍ ରଶ୍ମିରେ ବାଟ କାଢ଼ି
ଜହ୍ନ ଦେହରେ
ପ୍ରସ୍ତୁତି କର ନୂଆ ନୂଆ ଘାଟୀ।

■

ଫେରାର୍ ସମୟ

କାନ୍ଥ ଘଣ୍ଟାର ସୀମିତ ପରିଧି ଭିତରେ
ଚକ୍କର କାଟି
କେଉଁ ଆତଙ୍କବାଦୀ ପରି
ସମୟ ଆସି ଫେରାର୍ ହୁଏ

କି ଅନ୍ଧାର କି ଆଲୁଅ
ନା' ଦେଖିହୁଏ ତାକୁ
ନା ଧରି ହୁଏ !!

ବିଶ୍ୱାସ ଅବିଶ୍ୱାସର ଦୋଛକିରେ
ଠିଆ କରି, ଜିଦ୍ ଧରି
ଇଚ୍ଛା ମୁତାବକ୍ ଇତିହାସ ଲେଖିଯାଏ

ସାମ୍ନା କରିବାକୁ ଯାଇ
ଆମେ ସବୁ
ଗୁମ୍ ମାରି ବସୁ ॥

■

ଗାୟତ୍ରୀ ଆର୍ଯ୍ୟ

ପ୍ରାତଃ ସ୍ମରଣୀୟ ପଦେ ମନ୍ତ୍ରଟିଏ ଯେମିତି

ଯାହାଙ୍କର ପ୍ରିୟ ଆଉ ଖାଲି ପ୍ରିୟ ହୋଇ ନଥାଏ
କରୋନାର କରାଳ ହାତରେ
ଅକାଳରେ ଏ ପୃଥିବୀରେ
ଶ୍ଳୋକ ହୋଇଯାଏ;

ଯାହାକୁ ଉଚ୍ଚାରିବାକୁ ଯାଇ
ଶତ ରାତି ନିମିତ ମାତ୍ର
ଶତ ସହସ୍ର ରାତି ଉଜାଗର ରହିପାରନ୍ତି ସେ'

ସେ'
ଗାୟତ୍ରୀ ଆର୍ଯ୍ୟ ॥

(ବି.ଦ୍ର.: କରୋନା ମହାମାରୀରେ ନିଜ ବୈଜ୍ଞାନିକ ପୁଅ (ପ୍ରିୟଶ୍ଳୋକ)କୁ ହରେଇ କୋହ ଆଉ ଲୁହରେ ରାତିରାତି ଶୋଇ ନ ପାରି 'ପ୍ରିୟର ପୃଥିବୀ' ପରି ଏକ ହୃଦୟ ସ୍ପର୍ଶୀ ଉପନ୍ୟାସ (ଚରିତ୍ରଧର୍ମୀ) ଲେଖିପାରିଥିବା ଗାଳ୍ପିକା ଗାୟତ୍ରୀ ଆର୍ଯ୍ୟଙ୍କୁ ସମର୍ପିତ।)

ନୂଆ ହାଟରେ ସୁନୀତା ରଇତ

ଟଙ୍କାରେ କିଲେ ଚାଉଳ
ମାଗଣାରେ ଛତା ଯୋତା କମ୍ବଳ
ସାଇକେଲ ଆଉ ଘର
ଯେତେ ମଣିଷ ସେତେ ମୁହଁ ସବୁ ଅଲଗା ଅଲଗା
ଯେମିତି ଆଳୁ ବାଇଗଣ କଖାରୁ ପୋଟଳ ।

ବର୍ଷ ବର୍ଷ ବିତିଯାଏ କବିତାଟିଏ ଲେଖି ହୁଏନି
ଲେଖିପାରେନି, ଅଧାଲେଖା କବିତାରୁ
କିଛି ଧାଡ଼ି କାଟିବାକୁ ପଡ଼େ
କିଛି ଧାଡ଼ି ଯୋଡ଼େ ।

ବଜ୍ରାଘାତ ଅଂଶୁଘାତ ସର୍ପାଘାତ
ନଈବଢ଼ି ନୌକାବୁଡ଼ି ଗଜାମରୁଡ଼ି
ମହାବାତ୍ୟା ମହାମାରୀ ମହିଳାଙ୍କୁ ମିଶନ୍ ଶକ୍ତି
ମଶାଣିରେ ହରିଶ୍ଚନ୍ଦ୍ର ଯୋଜନା
ନେତାଙ୍କ ଦମ୍ଭୋକ୍ତି ।

ମାନବ ସେବା ମାଧବ ସେବା ଭାବି
ନର୍ସିଂପାଠଟା ଠିକ୍ ବୋଲି ପଢ଼ିଲା
ଗଜପତି ଜିଲ୍ଲା କେଉଁ ଏକ ଅପନ୍ତରା ଗାଆଁର ଆଦିବାସୀ

ପ୍ରଥମ ମାଟ୍ରିକ ପଢୁଆ ଝିଅ ସୁନୀତା ରଇତ
ସରକାର କହିଲେ ଝିଅଙ୍କ ପାଇଁ ପଢ଼ାଖର୍ଚ୍ଚ ମାଗଣା
ରହିବା ଖାଇବା ପୁଣି ମାସକୁ ମାସ ଷ୍ଟାଇପେଣ୍ଡ ପାଉଣା
ପାଠପଢ଼ା ସରିବା ସରିବା ଉପରେ
ଖାଲି ଯାହା ପରୀକ୍ଷା ଦେଇଦେଲେ ପାସ୍।

ଏ ଅଫିସ୍‌ରୁ ସେ ଅଫିସ୍ ସେ ଅଫିସରୁ ଏ ଅଫିସ୍
ଦୌଡ଼ିଦୌଡ଼ି ଗୋଡ଼ରୁ ତା'ର ପାଣି ମଲା
ସେ କ'ଣ ଜାଣିଥିଲା
ଷ୍ଟାଇପେଣ୍ଡ ଟଙ୍କା ପାଇଁ ତାକୁ
ଏତେବାଟ ଯିବାକୁ ପଡ଼ିବ ଏତେ ଦହଗଞ୍ଜ ହେବ
ଏ ସବୁ ତ ତା' ପାଇଁ ନୂଆ।

ସରକାରୀ ଅଧିକାରୀ ତା' ସହ କଥାହେଲେ
ଷ୍ଟାଇପେଣ୍ଡ ବଦଳରେ କ'ଣ ଦେବାକୁ ପଡ଼ିବ ତାକୁ
କି ମୂଲ, ନିରୋଳାରେ କହିଲେ
କି କଥା ହେଲେ କେଜାଣି
କ'ଣ ବୁଝିଲା ସେ' ଗଜପତି ଜିଲ୍ଲାର ନର୍ସିଂ ଛାତ୍ରୀ ସୁନୀତା
ରଇତ
ଭାବିଲା ଏୟା ଅପେକ୍ଷା
ବରଂ ଭଲ ମରିଯିବା।

ପାଠକେ ଇଏ ସେଇ ନୂଆହାଟର କଥା
ନୂଆହାଟରେ ସୁନୀତା ରଇତ
ଯେଉଁଠି ସବୁ କିଛି ମିଳେ
ନୂଆହାଟ ନା ନୂଆହାଟ ସେ' କ'ଣ ଜାଣିଥିଲା
ନୂଆହାଟ ପୁଣି ଏତେ ବାଟ।

ବାପା ମାଆ ତା'ର ପେଟରୁ କାଟି ଓଳିଏ ଖାଇ
ଖୁଆଇ ପିଆଇ ବଢ଼େଇ ଥିଲେ
ଖତ ପାଣି ପାଇ ବଢୁଥିବା ଫୁଲଗଛଟି ପରି
ଛନଛନ କୋମଳ କଢ଼ି ଧରି ଆସୁଥିଲା
ଆଉ କେତେଟା ଦିନରେ ଫୁଟି
ମହମହ ବାସିଥାନ୍ତା ଘରବାରି ଗାଆଁ ଅଗଣା
ସେ ପଢ଼ିଥିବା ସ୍କୁଲ ବାରଣ୍ଡା ଡାକ୍ତରଖାନା
କ'ଣ ହେଲା !
ଆଉ ସେ ଆତ୍ମହତ୍ୟା କରିଦେଲା ! !

■

(ବି.ଦ୍ର.: ଗଜପତି ଜିଲ୍ଲାର ନର୍ସିଂଛାତ୍ରୀ ସୁନୀତା ରଇତଙ୍କୁ କବିତାଟି ଉତ୍ସର୍ଗିତ ।)

ଝଡ଼ର ଦୁଇଟି କବିତା

ଏକ - ଝଡ଼ ପାଇଁ :

ବରଂ ଝଡ଼ ହେଉ; ଝରୁଥିବା ସବୁ ଲୁହ ଲହୁ
ଯଦି,
କେଉଁ ତମସାର ଆଦିମ ଅହଂକାରରେ
ତମ ଆଖିରେ ଭାଙ୍ଗେ
ସପନର ଢେଉ ।

ଦୁଇ - ଝଡ଼ର ଆଖି :

ଏଠି ବଞ୍ଚିବାର ମାନେ ନେଇ
ଶୁଖିଲା ଗାଡ଼ିଆର ଚିକିଟା ପଙ୍କକୁ ଚାହିଁଚାହିଁ
କାଣ୍ଟି ବଗ ପରି ଅନାହାରରେ
ଦାର୍ଶନିକ ପାଲଟୁଥିବା
ମଣିଷ... ॥

ଭିନ୍ନ ସ୍ୱରର ୪ଟି କବିତା

ଈଶ୍ୱର : ଶୁଭୁଥିବା ଓଁକାର ଧ୍ୱନିରେ
ନିର୍ଯ୍ୟାତିତ ଫୁଲର ବିବର୍ଣ୍ଣ ପାଖୁଡ଼ାକୁ ସାଉଁଟିବାକୁ ଯାଇ
ଈଶ୍ୱର ହିଁ ନିଜେ ଶୋଇ ଯାଇଛନ୍ତି
ଅପରେସନ୍ ବେଡ଼ରେ।

ମାଟି : ପଞ୍ଜାବର ପୋଡ଼ାରୁଟି ମିଳୁ ବା ନ ମିଳୁ
ଏଠି ତୋପ ଫୁଟିବ;
ତେଣୁ ସଜ ହେଉଛି
ଏ ମାଟି ॥

ଦୀପ : ଯେଉଁ ଶିଖାରେ ବୋହୂଟିଏ ଜୀବନ୍ତ ଦଗ୍ଧ ହୋଇପାରେ
ଏ କ'ଣ ସେହି, ଯେ ଜଳୁଛି ଦେବୀଙ୍କର
ମଙ୍ଗଳ ଆଳତୀରେ ॥

ଝିଅଟିଏ : ଦେଶ ବିଦେଶର ଛିଣ୍ଡା ପତାକାକୁ ଏକାଠି ସୀଇଁ
ପୋଷାକ ସଜେଇ
+୩ ପରୀକ୍ଷାକୁ ସଜ ହେଉଥିବା ଝିଅଟିଏ ଚାହିଁ ବସିଛି...

କିଏ ତା' ପାଇଁ
ନୂଆ ୟୁନିଫର୍ମଟିଏ
ଆଣି ଦିଅନ୍ତା କି ॥

■

ଆମ ଗାଆଁ ପୋଖରୀ

ମୁଁ ଅଛି
ସେ କିନ୍ତୁ ନାହିଁ ॥
ତାକୁ ପୋତା ଯାଇ ଛିଡ଼ା ହେଇଛି ସରକାରୀ ମଣ୍ଡପ ।

ସ୍କୁଲ୍‌ରୁ ଫେରିଲା ବେଳେ
ଉଛୁଳା ପାଣିରେ ତା'ର
ଟେକାଟିଏ ଫିଙ୍ଗି ଦେଖେ
କେମିତି ତରଙ୍ଗାୟିତ ହୋଇପାରେ
ତା'ର ନୀଳ ପାଣି, ନୀଳ ଦେହ ତା'ର

ଭୋଦୁଅ ବର୍ଷାରେ ଶ୍ରାବଣର ଝରିରେ
ସେ ଫୁଲି ଉଠେ
କୋଉ ମିରିକାଳି ପୋହଳା ଏଣ୍ଡୁଳା
ଖେଳି ବୁଲୁଥାନ୍ତି ତା' ଦେହରେ
ନୀଳକଇଁ ନାଲି କଇଁ ଧଳା କଇଁର ପସରା ଯେମିତି ସେ

ଡାହୁକର ଦୌଡ଼, ବେଙ୍ଗଡିଆଁ
ଶେଉଳ ଜାଆଁଳ ଆଉ
ଗେଣ୍ଡା ଶାମୁକାଙ୍କ ଭିଡ଼ ଲାଗିଥାଏ
ପଥର ତୁଠରେ ॥

ମୁଁ ଧୀରେ ପାଦ ପକାଏ
ପାଦକୁ ନ କାଟିବାର ପ୍ରତିଶ୍ରୁତି ପାଇ
ସେମାନଙ୍କୁ ବୋଉ ଦେଇଥିବା ଚିତୋଉ ପିଠା ଦିଏ ।

ଫି ବର୍ଷ ଛାଡ଼ଖାଇରେ ଜାଲ ଟଣାହୁଏ
ତା' କାଦୁଅ ପଙ୍କରେ ଲସର ପସର ହୁଏ

କଦଳୀ ଭେଳାରେ ଚଢ଼ି
ଏପଟରୁ ସେପଟକୁ ଯାଏ

ବେଳେବେଳେ ଭେଳାଟି ଓଲଟି ପଡ଼େ ତ
ମୁଁ ପଡ଼ିଯାଏ ପାଣିରେ ଥଳ ପାଏନି,

ଟାଣିଟାଣି ଆଣି ମତେ କୂଳରେ ଲଗେଇ ଥିବା
ବାପା ବଡ଼ବାପା ଜେଜେ
ଆଉ ନ ଥାନ୍ତି ॥

ଡିଆସିଲି କାଠି

ଗୋଟିଏ ମୁଣ୍ଡ କଳା।
ମଣିଷର ମୁଣ୍ଡପରି ଠିକ୍‌।

ମସଲା ଥିଲେ ତ ଆଲୋକିତ କରେ
କରିଥାଏ,
ନଚେତ୍‌
ଟୁକୁଡ଼ା କାଠି ଖଣ୍ଡେ

ଚୂଲି ମୁହଁ ପାଇଁ ॥

ଝିଅ ଫେରେନି

ଇସ୍ପାତର କପୋତ ଦିନେ
ଝିଅ ପାଖରେ ଆସି ରହିଲା ତା' ସହ ମିତ ବସିଲା
ତା' ଛାତି ପକେଟରେ ତା' ହୃଦୟ ଭିତରେ ବସା ବାନ୍ଧିଲା
ଝିଅ ତାକୁ ହୃଦୟ ଦେଲା ତା' ସହ କଥା ହେଲା
ଗପ କଲା, ସେମାନଙ୍କ ଗପର ଖିଅ ଏମିତି
କେତେଦୂର ଲମ୍ବିଥିଲା ଯେ' ଘରେ କି ବାହାରେ
କେହି ତା'ର ଟେର୍ ପାଉ ନଥିଲେ ।

କିଏ ତିଆରିଥିଲା ସେ ଇସ୍ପାତର କପୋତ
କେଉଁ ସାମ୍‌ସଙ୍ଗ ନା ଜିଓ କମ୍ପାନୀ ନା ଭିବୋ

ଦିନ ଦିନ ରାତି ରାତି କଥାହେଲେ ସେମାନେ,
କେତେ ଜାଗର ଜାଳିଲେ କେତେ ଉଜାଗର ରହିଲେ
କି କଥା କେଉଁ ପରୀ କଥା ନା
ଆରବ୍ୟ ରଜନୀର କାହାଣୀ ?
କେଉଁ ଦୂର ରାଇଜର ରଜାପୁଅ କଥା
କଟକର ବାରବାଟୀର ନା,
ଭୁବନେଶ୍ୱର ଖାରବେଳ ନଗରର
ରାଜସ୍ଥାନର ନା, ମାଳୟ ଜାଭା ସୁମାତ୍ରା ବୋର୍ଣ୍ଣିଓ ଦ୍ୱୀପର
ସେ ବଣିକ ପୁଅ କଥା,
ଆମେରିକାର ସଫ୍ଟୱେୟର ଇଞ୍ଜିନିୟର ନା

ଇଂଲଣ୍ଡର ଚିତ୍ରକାରର କଥା
କି କଥା ?

ଇସ୍ପାତର କପୋତ ଦିନେ ହେଲେ ବି ଆଉ କାହା ସହ
କଥା ହେଲାନି;

ଦିନେ କଲେଜ ଯିବାର ରାସ୍ତାରେ
ଝିଅକୁ ଘରୁ ପଳେଇ ଯିବାକୁ ଇସାରା ଦେଲା
ଯେମିତି ତା'ର ଡେଣା ଲାଗିଯାଇଛି
ଆଉ ସେ ଉଡ଼ିଯିବ ।

ଗାଡ଼ି ଘୋଡ଼ା ଯାନି ଯୌତୁକ ପଲଙ୍କ କି ପିଲୀସଜ
ଇଣ୍ଡିକା ୱାସିଂମେସିନ୍ ସୋଫା ଡ୍ରେସିଂ ଟେବୁଲ
ଦାସୀ ସହଚରୀ ବନ୍ଧୁବାନ୍ଧବ
କାହାରିକୁ ସଙ୍ଗରେ ନେଲାନି
ସବୁ ଥୁ କରିଦେଲା
ନିଜର ଯେତେ ସବୁ ଡିଜାଇନ୍‌ର ଡ୍ରେସ୍ ସପିଙ୍ଗ୍ ମଲ୍‌ର
କିଛି ବି ନେଲାନି
ଯାହା ଖାଲି ଦେହକୁ ଘୋଡ଼ାଇ ରଖିବାକୁ
ଖଣ୍ଡେ ପିନ୍ଧିଥିଲା
ଗଲା ॥

କାହାରିକୁ ଥରୁଟେ ପଛକୁ ଫେରି ଚାହିଁଲାନି
କେତେଥର ପିଠିରେ ଲାଉ କରି ବୋହିଥିବା
ଜେଜେବାପା ଜେଜେମାଆ
ସବୁ ଅଳି ଅର୍ଦ୍ଦଳି ସହିଥିବା ବାପା ବୋଉ
ଦାଦା ଖୁଡ଼ୀ ସାନଭଉଣୀ ସାନ ଭାଇ
କାହାରିକୁ ବି ଥରୁଟିଏ ଫେରି ଚାହିଁଲାନି ॥

ଦିନ ଯାଇ ରାତି ହେଲା
ଖାଲି କାନ୍ଦ ବୋବାଳି ଛଡ଼ା ଘରେ ଆଉ
କିଛି ବି ନ ଥିଲା
ଏଫ୍.ଆଇ.ଆର୍. ପୋଲିସ୍ ଇନ୍‌କ୍ୱାରୀ
ଯାଗାଯାଗା ପେଟ୍ରୋଲିଂ ସବୁ ଯେମିତି ହାର୍ ମାନିଲା
କେହି କେହି କୁହାକୁହି ଚୁପ୍‌ଚାପ୍ ହେଉଥିବାର
ଶୁଣାଯାଉଥିଲା, ଏଇଟା ସେକ୍ସ ରାକେଟ୍
ଅପହରଣକାରୀଙ୍କ କାମ ନଚେତ୍
ଝିଅଟା କ'ଣ ଶୂନ୍ୟହରଣ ହେଇଗଲା ?

ରାତି ଯେତିକି ବଢୁଥିଲା ନିସ୍ତବ୍ଧ ହେଉଥିଲା
କେଉଁଠି ଗୋଟେ କୁକୁରର ଭୋଓ ଓ... ଓ... ଓ...
ମାଆ ଛାଡ଼ି ଚାଲି ଆସିଥିବା
ବିଲେଇ ଛୁଆଟିର ମିଆଁଉଁ... ଉଁ... ଉଁ... ଉଁ...
ଗାଆଁ ଗୋହିରୀ କିଆବୁଦା ମଶାଣିପଦାରେ
କେଉଁଠୁ ଗୋଟେ ବିଲୁଆର ହୁକେ ହୋଓ ଓ ଓ... ଓ...
ଛଡ଼ା, ଘର ଭିତରକୁ
ଆଉ କିଛି ଶୁଭୁ ନଥିଲା ॥

ଇସ୍ପାତର କପୋତ
ତା'ର ହୃଦୟ ନ ଥିବା ଦେହରେ କଥା ହେଉଥିଲା ।
କି କଥା ହେଉଥିଲା ?

କହୁ ନଥିଲା ? ?
ବାପାଟିଏ ମାଆଟିଏ ମଲାବେଳେ ଝିଅଟିଏ
ଛାତିରେ ହାତରଖି ରାଆଦିଏ ଲୁହ ଗଡ଼ାଏ
ଝିଅଟିଏ ଯେତେବେଳେ କେଉଁଆଡ଼େ ଚାଲିଯାଏ
ମାଆଟିଏ ବାପାଟିଏ ବଞ୍ଚିଥିବା ଯାଏ କାନ୍ଦେ କାନ୍ଦୁଥାଏ
ଆଖିରୁ ଲୁହ ଗଡ଼ାଏ ॥

■

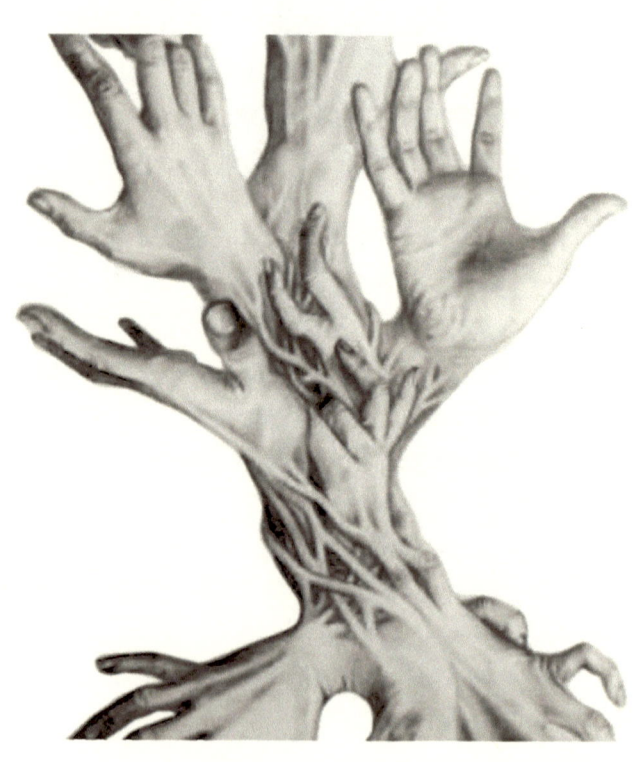

କବାଟବନ୍ଧରୁ କଳିଙ୍ଗନଗର କଟାପାପୁଲିର କବିତା

ସନ୍ଧ୍ୟା ହୋଇନଥାଏ
ସନ୍ଧ୍ୟା ହେବା ହେବା ହେଉଥାଏ
ମୁଁ ପହଁଚିଗଲି କବାଟବନ୍ଧରେ
ପ୍ରିୟବନ୍ଧୁଙ୍କ ଘରେ,

ଗୋଟିଏ ବିଶାଳ କବାଟ ପରି ଏ ବନ୍ଧ
ବାନ୍ଧି ରଖିଛି ନଈକୁ ଗାଆଁ ଠାରୁ

ଏଇଠି ସବୁ କିଛି ଚଳଚଂଚଳ ଏଇ ବନ୍ଧ ଉପରେ
ହାଟ ଘାଟ ମଣିଷ ପଶୁ ପକ୍ଷୀ ଛେଳି ମେଣ୍ଢା
ଗୋରୁ ବେପାରୀ ରାସନ କାର୍ଡ କଂଟ୍ରୋଲ ଦୋକାନ
ପଶାପାଲି, କୁକୁଡ଼ା ଲଢ଼େଇ
ଗୋଟେ ବିରାଟ ଆଇନା ପରି ନଈ ପାଣି
ଜୀବନକୁ ପ୍ରତିବିମ୍ବିତ କରି ଚାଲିଥାଏ
ଚହଲି ଯାଉଥାଏ
ସନ୍ଧ୍ୟା ପ୍ରାୟେ ।

ବନ୍ଧୁ କହିଲେ ଏଇ ଦେଖ ଦେଖ, ଇଆଡ଼େ ଟିକେ ଦେଖ
ଗଣି ହେଉନଥିବା ଅସଂଖ୍ୟ ବାଦୁଡ଼ିଙ୍କ ଆଶ୍ରୟସ୍ଥଳ

ଏଇ ଇଂଦଗଛ,
ଯେମିତି ଯୁଦ୍ଧ ଆକ୍ରାନ୍ତ ଗୋଟେ ଦେଶରୁ
ସର୍ବସ୍ୱ ହରେଇ ଶରଣାର୍ଥୀଙ୍କ ପରି ପଶିଆସିଛନ୍ତି
ଏଇଠାକୁ,

ମତେ ଆଉ କିଛି ଦିଶୁନଥାଏ,
ସେମାନଙ୍କୁ ଖାଲି ଦେଖୁଥାଏ

ସକାଳୁ ସକାଳୁ କିଏ କେଉଁଆଡ଼େ ଉଡ଼ିଯାଆନ୍ତି
ଦୂର ଜଙ୍ଗଲ ଆଡ଼େ ପେଟପାଇଁ
ପାହାଡ଼ରେ ଖାଦ୍ୟ, ଝରଣାରେ ପାଣି ପିଅନ୍ତି
ସଞ୍ଜ ପୂର୍ବରୁ ଫେରିଆସନ୍ତି ସେମାନଙ୍କ ପାଇଁ
ନୂଆ ସକାଳ ନୂଆ କଳରବ ଆଣି ଦେଉଥିବା
ଏଇ ଗଛ, ବର୍ଷ ବର୍ଷ ସୁଖ ଦୁଃଖ ଖରାବର୍ଷାର
ଜନ୍ମ ଜନ୍ମାନ୍ତରର ଆଶ୍ରୟସ୍ଥଳୀ,
କାଇଁ କେତେ ପୁରୁଷର
ବାପା ଗୋସେଁ ବାପା ଅମଳରୁ
ସେମାନେ ଏଠୁ ଛାଡ଼ିଯିବେ କେମିତି ?
ମୁଁ ବିଭୋର ସେମାନଙ୍କ କିଚିରି ମିଚିର ଜାଜ୍ ଶୁଣିବାରେ
ଏକ ପୁଲକିତ ସଂଗୀତର ସ୍ୱର
ସେମାନଙ୍କ ଭିତରେ।
ବନ୍ଧୁ କହିଲେ ଏଇ ବନ୍ଧେ ବନ୍ଧେ ଆଗକୁ ଗଲେ
ଟିକିଏ ବୁଲାଣି ପରେ ପଡ଼ିବ
କଳିଙ୍ଗନଗରକୁ ରାସ୍ତା
ଏଇ ସେପଟରେ ସେଇ ଯେଉଁ ଅଂସଖ୍ୟ ଉଜ୍ଜ୍ୱଳ
ଜଳି ଉଠୁଥିବା ଆଲୁଅ ଦେଖୁଛ
ସେଇଟା କଳିଙ୍ଗନଗର
ତରଳା ଯାଉଥିବା ଲୁହା
ଟାଟା କମ୍ପାନୀର।

ନଈ ଉପରେ ଦେଇ ବହି ଆସୁଥିବା ଥଣ୍ଡା ପବନରେ
ଦେହଟିକେ ଶୀତେଇ ଉଠିଲା
ଆଖି ଧାଇଁଗଲା,
ଆଃ କଳିଙ୍ଗନଗର;

ନିଜ ଭିଟାମାଟି ଛଡ଼ା ଆଉ କିଛି ବୁଝୁନଥିବା ବିସ୍ଥାପିତ
ସରଳ ଆଦିବାସୀଙ୍କ ଭିତରେ ଛଦ୍ମବେଶୀ ମାଓବାଦୀ
ଓ ପୁଲିସର ଗୁଳିଶବ୍ଦ ମୃତ୍ୟୁର ଚିତ୍କାର ହାହାକାର
ଶୋଭା ଆଉ ଶୋଭାଯାତ୍ରା କଟାହାତ କଟାପାପୁଲିର
ସ୍ତ୍ରୀ ପିଲାଙ୍କ କାନ୍ଦ ଛାତିଥରା କେତେ କରୁଣରୁ
କରୁଣତର ସେମାନଙ୍କ ସ୍ୱର,

ଆଉ ଅନ୍ଧାର ହେଇ ଆସିଥିବା
ସେଇ ବନ୍ଧ ଉପରୁ ଦିଶୁଥାଏ
କଳିଙ୍ଗନଗରର ଗୋଟି ଗୋଟି ଚିକ୍‌ମିକ୍ ଆଲୁଅ
ରକ୍ତଲଗା ପୁଲିସର ଗୁଳି
ମୃତ ନିରୀହ ଆଦିବାସୀଙ୍କ ଆଖି ସବୁ ଆକାଶରୁ
ଯେମିତି ତାରା ହେଇ ଖସିପଡ଼ିଛନ୍ତି ।

■

ବି.ଦ୍ର.: ଜାନୁୟାରୀ-୨/୨୦୦୬ ମସିହା କଳିଙ୍ଗନଗରରେ ଆନ୍ଦୋଳନକାରୀ ବିସ୍ଥାପିତ ଜନତା ପୁଲିସର ଗୁଳିରେ ମୃତ୍ୟୁବରଣ କରିଥିବା ନିରୀହ ଆଦିବାସୀଙ୍କୁ ଉତ୍ସର୍ଗୀତ ।)

ରହିବାକୁ ଜାଗା ନାହିଁ

କାବୁଲ୍‌ର ଆକାଶ ତଳେ
ପ୍ରଥମେ ବୁଦ୍ଧଙ୍କୁ
ବିସ୍ଫୋରିତ ହେବାକୁ ପଡ଼ିଥିଲା ।

ଧାର୍ମିକ ନେତାର ବନ୍ଧୁକ ମୂନ
ତାଡ଼ି ଦେଇଥିଲା
ଇତିହାସର ମାଟି ।

ନା, ରହିବାକୁ ଯାଗା ନାହିଁ
ଏବେ ଆଉ କାହାର ।

ନା, କୌଣସି ଅତୀତର
ନା, କୋଉ ଭବିଷ୍ୟତର ।

■

ଆମେ ଜାଣି ନ ଥିଲୁ

ମାଟିର ଗୋଟେ ପିଣ୍ଡ ।

ପୃଥିବୀକୁ କହିଲୁ ହାତୀ ହେଇଯାଆ
ତା' ଉପରେ ବସି ଆକାଶକୁ ପାଖରେ ପାଇ
ତାକୁ ଅକ୍ତିଆର କଲୁ ।

କହିଲୁ ଘୋଡ଼ା ହେଇଯାଆ
ତାକୁ ଦୌଡ଼େଇଲୁ ଗୋଟିଏ ସୀମାରୁ ଆଉ ଗୋଟେ ସୀମାକୁ
ଅଧିକାର କରିବାର ନିଶା ଘାରିଲା
ପଡ଼ୋଶୀକୁ ଶତ୍ରୁ କଲୁ

କହିଲୁ ଓଟ ହେଇଯାଆ
ଧୂଧୂ ଖରା ତତଲା ବାଲି ପାଣି କାହିଁ ?
ଗୋଟେ ମରୀଚିକା ପଛରେ ଜୀବନ
ଧାଇଁଲୁ ଯେ ଧାଇଁଲୁ

କହିଲୁ ଗଧ ହେଇଯାଆ
ଯାବତୀୟ ଅଳିଆ ଆବର୍ଜନା : ଦୂଷିତ ପରିବେଶ
ବୁଜୁଳାଟେ ବାନ୍ଧି ତା' ଉପରେ ଲଦି
କହିଲୁ ଚାଲ୍

ଗୁଣ୍ଡୁଚି କରି ସମୁଦ୍ରରେ ବନ୍ଧ ବାନ୍ଧିଲୁ ଦ୍ୱୀପ ତିଆରି କଲୁ
ଯୁଦ୍ଧର ପ୍ରସ୍ତୁତିରେ

ପିମ୍ପୁଡ଼ି କରି ଗାତରୁ
ରୁଖା ଉପରକୁ ଚଢ଼େଇଲୁ

ଆମେ କ'ଣ ଜାଣିଥିଲୁ
ଏତେ ସବୁ ଭିତରେ ସେ କେତେବେଳେ ଟିକେ ହଲିଯିବ
ଆଉ ଆମେ ସବୁ ପୋତିହେଇ ପଡ଼ିବୁ।

■

ରାଜନୀତି : ପାଗଳାମି

କୌଣସି ନିର୍ଦ୍ଦିଷ୍ଟ ତରିକା ନ ଥାଏ ପାଗଳାମିର
ଆମେ ପାଗଳାମି କରୁନା ବୋଲି କହୁ

ପଟ୍ଟନାୟକ ବାବୁ କବିତା ବୁଝନ୍ତିନି
ଲୁହା କାରଖାନା ନଚେତ୍ କଦମ୍ବଗଛ

ତାନ୍ତ୍ରିକର ପୋଷାକରେ ପ୍ରଧାନମନ୍ତ୍ରୀ ରାଓ
ପ୍ରଗତିର ଇସ୍ତାହାର ଦିଅନ୍ତି

ମୁଖ୍ୟମନ୍ତ୍ରୀ ପଟେଲଙ୍କ ଟିଭିରେ ସାକ୍ଷାତ୍‌କାର
'ମଦ ଓ ନାରୀ' ତାଙ୍କର ଅତିପ୍ରିୟ
ଜଳ ସମସ୍ୟା ଓ ଦେହ ବ୍ୟବସାୟ କଥା ବୁଝିପାରନ୍ତିନି
ବିଶ୍ୱସୁନ୍ଦରୀ ସମାବେଶର ହୁଅନ୍ତି ପୁରୋଧା ।

ମନ୍ତ୍ରୀ ସୁଖରାମ ଟଙ୍କାର ବିଛଣାରେ ନିଦ ଯାଆନ୍ତି

ଆମର ନିରସ୍ତ୍ରୀକରଣ ଯୋଜନା ଓ
ଧର୍ମନିରପେକ୍ଷତା ସ୍ପଷ୍ଟ ହୋଇପାରେନା
ସିଂହାସନ ଚାଲିଯିବାର ଭୟରେ ।

ଆମେ ସର୍ବସାଧାରଣ
ବରଫ ଓ ନିଆଁ ଦୁଇଟାଯାକ ଏକାବେଳେକେ
ମୁଠେଇବାକୁ ଯାଇ
ଯଦିଓ ପାଗଳାମି କରୁନା ବୋଲି କହୁ
ଅପେକ୍ଷା କରିଥାଉ
ନିର୍ବାଚନ ତାରିଖକୁ।

ଆମର ବିଫଳତା

ଆମର ବିଫଳତା ପାଇଁ କାହାରିକୁ
ଦାୟୀ କରିବାନି ।

ଆମର ଯୋଗ୍ୟତା ଫାଇଲ, ନଥିପତ୍ର, ଚିଠିବାକ୍ସ
କବିତା ଓ ଖବରକାଗଜ କମାଣ ଓ ତୋପ ସୁଖୋଇ ବିମାନ
ଆମର ବେତାର ଓ ଦୂରଦର୍ଶନ
ଯେଝାଯେଝା ଜାଗାରେ ସୁଦୃଢ଼ ।

ଆମର ବିଫଳତା ପାଇଁ କାହାରିକୁ
ଦାୟୀ କରିବାନି ।

ଆମେ ରିସିଭର ଉଠାଉଥିବା
ଅଥଚ କଥା ହେଉଥିବା ଆଉଜଣଙ୍କ ସହ

ପରସ୍ପରକୁ ଭେଟୁଥିବା କଥା ହେଉଥିବା ହାତ ମିଳାଉଥିବା
ଚାହାଁଚୁହିଁ ହେଉଥିବା, ବୁଝିପାରୁ ନ ଥିବା
କେହି କାହାରିକୁ ।

ଆମେ ଦୁଇଜଣ
ପରଦାର ଆଢୁଆଳରେ ଥିବା ଜଣେ
ଆରଜଣକ ବାହାରେ
ପରସ୍ପରକୁ ଦେଖିବାରେ ଚିହ୍ନିବାରେ
ଆମର ବିଫଳତା ପାଇଁ କାହାରିକୁ
ଦାୟୀ କରିବାନି ।

■

କଳାହାଣ୍ଡି ଗୋଟେ ଆଦିବାସୀ ଝିଅ

କଳାଛାଇ କଳା ଧୂସର ପାହାଡ଼
ଓ ତାକୁ ଆବୋରି ଉଠିଉଠି ଯାଇଥିବା
କଟା ଜଙ୍ଗଲର କଙ୍କାଳ ସବୁ
ଦିନଯାକର।

କଦବା କୋଚିତ୍ ଠାଏଠାଏ ସବୁଜିମାର ଯାଦୁକାରୀ
ତୋର ଏକଲା ପଣର।

ସଞ୍ଜ ନଇଁଲେ ମୁଣ୍ଡରେ ତୋର
ତାରାଫୁଲର ହାର
ତୁ ଏ ପାହାଡ଼ ଜଙ୍ଗଲ ଝୋଲାକୂଳର

ତତେ ଦେଖିଲି
ଆଖି ସହ ଆଖି ମିଶେଇ ନିପଲକ ଚାହିଁ ରହିଲି
କହିଲୁ :
ଏଇ ଦେଖ୍
ମୋହନ ଗିରି ସେପଟର ନିଷ୍ପ୍ରଭ ଆକାଶ
ଓ ଅନ୍ଧାର।

ପାହାଡ଼ କଟା ଚାଲିଥିଲା
ପଥର ସବୁ ଖଣ୍ଡଖଣ୍ଡ ଯୋଡ଼ାଯାଉଥିଲା
ଆଣ୍ଠୁ ଉପରକୁ ଲୁଗା ଅଣ୍ଟାରେ ଛାତିରେ ପଟି
ତତେ ଦେଖିଲି
ନିର୍ବିକଳ୍ପ ରୂପ ଏ ଦେହର ତୋର
ତତେ ପ୍ରେମ ମାଗିଲି, କହିଲୁ :
ଏଇ ଦେଖ୍
କୁହୁଡ଼ି ଘେରା ଶୀତ ଆଉ
ବୈଶାଖର ନିଆଁଧାସରେ କେମିତି ନିର୍ବିକାର
ଏ ଝୋଲା ଡଙ୍ଗର ।

ମୁଁ ଧରି ଫେରେ
ମୋହନଗିରି ସେପଟର ନିଷ୍ପ୍ରଭ ଆକାଶ
ଓ ଅନ୍ଧାର
ଝୋଲା ଡଙ୍ଗର
ହାଡ଼ମାଂସର କଳାମୁଗୁନି ପଥର ।

■

ଠିକ୍ ଭୁଲ

ଜଙ୍ଗଲ ଓ ମଣିଷ
ପୂର୍ଣ୍ଣଚ୍ଛେଦ

ଜଙ୍ଗଲ ଭିତରେ ମଣିଷ
ମୁକ୍ତଭାବେ ବଞ୍ଚେ ବଢ଼େ ତା'ର ସଭ୍ୟତା
ବଢ଼ିଚାଲେ
ଠିକ୍

ଦିନେ ଜଙ୍ଗଲ ନ ଥାଏ
ଖାଲି ମଣିଷ ଓ ମଣିଷ
ମଣିଷ ଜଙ୍ଗଲ
ଭୁଲ

ଭୋକର କବିତା ମୁଁ ଲେଖେ

ଈଶ୍ୱରଙ୍କ ଭୋକ ଚଣ୍ଡାଳୁଣୀର ହାତରେ
ରାଜୁ ସୁଇପରର ଭୋକ ବାବୁଭାୟାଙ୍କ ଗୁହ ଚିପିଲେ
କଳାପାହାଡ଼ର ଭୋକ - ମହାନଦୀ ପାଣି;
ସୁବର୍ଣ୍ଣ ଥାଳିରେ ହେଡ଼ା ପରସନ୍ତି
ମୁକୁନ୍ଦଦେବଙ୍କ ରାଣୀ"

ଆଉ ରଏବାବୁର ଭୋକ
ଧାନ-ମୁଗ-ସୁଆଁ-ମାଣ୍ଡିଆ-କାନ୍ଦୁଲରେ
ତା ଖଳାକୁ କିଏ ହାତ ଦେଖାଏ
କିଏ ଫୁଲ ଅଜାଡେ, କିଏ ଶଙ୍ଖ ବଜାଏ
ତା'ର ଭୋକ ବଢ଼ିଯାଏ।

ଭୋକ, ଅକ୍ଷରଙ୍କ ଗୋଡ଼ରେ ଭରେ ତାକତ୍
ସେମାନେ ଦୌଡ଼ନ୍ତି।

ଭୋକ, ଶବ୍ଦର ଡେଣାରେ ଖଞ୍ଜେ ପର
ସେମାନେ ଉଡ଼ାଣ ଭରନ୍ତି।

ପତ୍ନୀ କୁହନ୍ତି ଯାହା କରୁଛ କର ଖାଇପିଇ କର
କେତେବେଳେ ଉଠୁଛ ?
କେତେବେଳେ ଶୋଉଛ ?

ଦେଖିଛି ସେଇ ପେଟମାନଙ୍କୁ
ଭୁରି ଭୋଜନରେ କେମିତି ଆପ୍ୟାୟିତ ହେଉଥାନ୍ତି
ଚବିଶ ଘଂଟା,
ନାଆଁ ନେବା ପାଇଁ ପଟୁଆର ବାହାର କରନ୍ତି
ଆଗକୁ ଠେଲି ଦିଅନ୍ତି ଭୋକିଲାଙ୍କୁ
ପଛେପଛେ ସେମାନେ ଥାନ୍ତି
ଗଣିପାରନ୍ତିନି ଜମା, ମନ୍ତ୍ରୀ ବଡ଼ପଣ୍ଡା ମହାଜନେ
ଗୋସେଇଁ ସାଆନ୍ତେ ଠାକୁରେ

ସେମାନଙ୍କ ପାଇଁ ବିମାନ ଲୋଡ଼ା
ହୀରା ବେଂଟ ଲଗା ଛତା ଲୋଡ଼ା
ସୁନା ମୁଦ ଲଗା ଜୋତା ଲୋଡ଼ା

ମୋର ଭୋକ ଜୀବ ବଂଚିବା ପାଇଁ ଯେତିକ
ଯେବେବି ମୁଁ ଷାଠିଏ ପୋଉଟିର ସ୍ୱପ୍ନ ଦେଖିଛି
ଅର୍ଜିନିଆ ଧରିଛି, ଏଉଡ଼ି ମାରିଛି,
ଏଉ ଏଉ ହେଇଛି ଘୁମେଇପଡ଼ିଛି

କବିତାର ରାଣ ଖାଇ କହିବି ତ
ମୋ କଲମ ଓ କାଗଜ ଯେଉଁମାନଙ୍କ ପାଇଁ
ସେମାନେ ସବୁ ଭୋକିଲା ।

■

ମୋ ଦୃଷ୍ଟିରେ

ଅପଦେବତା ବନାମ ଦେବତ୍ୱର ଉତ୍ତରଣ

ସରୋଜ କୁମାର ମହାନ୍ତି

ପାଠକୀୟ ଆକ୍ରମଣକୁ ସମ୍ମାନ ଜଣାଇ ବିଂଶ ଶତାବ୍ଦୀର ନବେ ଦଶକରେ ଅଂଳକାର, ଅବୋଧ ଚିତ୍ରକଳ୍ପର ଚମକ ବା ବିସ୍ତୃତ ଭାବେ କହିବାର ଢଂଗ ପରିହାର କରି ଓଡ଼ିଆ କବିତାକୁ ଦୁର୍ବୋଧତାରୁ ମୁକୁଳାଇ ଯେଉଁ କେତେଜଣ କବି ନୂତନ ଧାରାରେ ଲେଖିବାକୁ ଆରମ୍ଭ କଲେ, କବି ମନିରଂଜନ ସାହୁ ସେମାନଙ୍କ ମଧ୍ୟରୁ ଅନ୍ୟତମ। ସାଂପ୍ରତିକ ଓଡ଼ିଆ କବିତା ଜଗତରେ ସେ ଏକ ସାର୍ଥକ ସାବଲୀଳ ଉଚ୍ଚାରଣ। ସରଳ ଅଥଚ ଶାଣିତ, ସ୍ୱଚ୍ଛନ୍ଦ ଅଥଚ ସୁତୀକ୍ଷଣ ତାଙ୍କର କାବ୍ୟସ୍ୱର। ୨୦୦୦ ମସିହାରେ ପ୍ରକାଶିତ ତାଙ୍କର ପ୍ରଥମ କବିତା ସଂକଳନ 'ଅପଦେବତା'ର ଦ୍ୱିତୀୟ ସଂସ୍କରଣ 'ବ୍ଲାକ ଈଗଲ୍ ବୁକ୍ସ' ପକ୍ଷରୁ ପ୍ରକାଶ ପାଇବାକୁ ଯାଉଛି। ଏଥିରେ ସ୍ଥାନିତ ଷାଠିଏଟି ମନୋଜ୍ଞ ହୃଦୟସ୍ପର୍ଶୀ କବିତା, ସାଂପ୍ରତିକ ମଣିଷର ଦୁଃଖ, ଯନ୍ତ୍ରଣା, ଦୈନ୍ୟତା ଓ ଅସହାୟତାର କରୁଣ ଚିତ୍ରରେ ଚିତ୍ରିତ। ବ୍ୟକ୍ତିର ସୂକ୍ଷ୍ମ ଚେତନା ଠୁ ଆରମ୍ଭ କରି ସାମଗ୍ରିକ ରାଜନୈତିକ ଓ ସାମାଜିକ ମୂଲ୍ୟବୋଧର ବିକଳ ଅବକ୍ଷୟ ପରିସ୍ଫୁଟିତ ଏହାର ସମଗ୍ର ପୃଷ୍ଠାରେ।

କବିତା କେବଳ ମନୋରଂଜନ ପାଇଁ ନୁହେଁ, ନ ହେଉ ମଧ୍ୟ ଆମର ବୌଦ୍ଧିକ ବିଳାସ। ସାମାଜିକ ପ୍ରତିବଦ୍ଧତା ପ୍ରତି ଅଙ୍ଗୀକାର ହେଉ, ସମାଜ ପରିବର୍ତ୍ତନର ମାଧ୍ୟମ ହେଉ। ପାଲଟିଯାଉ ଅଗଣତି ଅସହାୟ ମଣିଷର

ଜୀବନଛବି। ପାଲଟିଯାଉ ପୀଡ଼ିତ ମଣିଷର ଦୈନ୍ୟତା, ବେଦନା, ଅସହାୟ ଦୀର୍ଘଶ୍ୱାସର ସ୍ୱର। କବି ମନୋରଂଜନ ସାହୁଙ୍କ କବିତା ସଂକଳନ 'ଅପଦେବତା'ର ପ୍ରାୟ ଅଧିକାଂଶ କବିତାର ଏହା ହିଁ ମୁଖ୍ୟ ସ୍ୱର। 'ଅପଦେବତା' ପ୍ରତିପକ୍ଷରେ ହୋଇଛି ଦେବତ୍ୱର ଉତ୍ତରଣ। ମୁଣ୍ଡପୋତା କେଳାଟି ଖେଳ ଦେଖାଏ। ମାଛ ପରି ମାଟିରେ ପହଁରେ, କଇଁଛ ପରି ଚାଲେ, ଘୋଡା ପରି ଦୌଡେ, କୁକୁର ପରି ଭୁକେ ଏବଂ ମାଟିରେ ମୁଣ୍ଡପୋତି ଆମକୁ ଆମୋଦିତ କରେ। ଆମକୁ ଯାହା ଦେଖାଯାଏ ନାହିଁ ତା'ର ଦାରିଦ୍ରତା, ତା'ର ପେଟ ଆଉ ଭୋକ। ଏଠାରେ କବି କେବଳ ଚିହ୍ନାଁଏ ନାହିଁ ତା'ର ଦୈନ୍ୟତା, ପରନ୍ତୁ ପାଠକର ସହାନୁଭୂତି ପାଇଁ ଆହ୍ୱାନ କରେ ଏହି ବର୍ଗର ମଣିଷ ପାଇଁ।

ଆଜି କୌଣସି ରାଜନୈତିକ ଦଳର ଆଦର୍ଶ ନାହିଁ। ସମସ୍ତେ ନିଜନିଜ ସୁବିଧା ଅନୁସାରେ ଆଦର୍ଶର ବାଖ୍ୟା କରିଚାଲିଛନ୍ତି। ଆଦର୍ଶ ନାମରେ ସୁବିଧାବାଦର ଧ୍ୱଜା ଧରି ଚାଲିଛନ୍ତି ରାଜନୈତିକ ନେତାଗଣ। ଆମ ସମାଜରେ ସବୁଠୁ ବେଶି ରାଜନୈତିକ ମୂଲ୍ୟବୋଧର ଅବକ୍ଷୟ ହୋଇଚାଲିଛି। ଆମ ରାଜନୈତିକ ଜୀବନ କଳୁଷିତ ହୋଇଯାଇଛି। ରାଜନୀତି ଆମ ପାଇଁ ପାଲଟିଯାଇଛି ଛଳନା ମାତ୍ର। ନୈତିକତା ଶିକ୍ଷା ପାଇଁ ଗାନ୍ଧିଜୀଙ୍କ ତିନୋଟି ମାଙ୍କଡ କଥା ପ୍ରଚଳିତ। ରାଜଧାନୀର ମନ୍ତ୍ରୀମାନେ ପାଲଟିଯାଉଛନ୍ତି ଏହି କ୍ରମରେ ଚତୁର୍ଥ ମାଙ୍କଡ। ଯେଉଁମାନେ – କିଛି ଦେଖି ପାରୁ ନ ଥିବାର / କିଛି ଶୁଣି ପାରୁ ନ ଥିବାର / କିଛି କହି ପାରୁ ନ ଥିବାର / ଅଭିନୟ କରୁଛନ୍ତି। (ଚତୁର୍ଥ ମାଙ୍କଡ) ଲୋକମାନଙ୍କୁ ଭୂଆଁ ବୁଲାଇବା ପାଇଁ ମନ୍ତ୍ରୀମାନେ ଶିଳାନ୍ୟାସରେ ବ୍ୟସ୍ତ। ଶିଳାନ୍ୟାସ ସାରି ଫେରିବା ବେଳେ ସେଠି ପଡି ରହୁଛି – ଖାଲି ବୋତଲ / ଭଙ୍ଗା ପ୍ଲେଟ୍ / ଉନ୍ମୁକ୍ତ ଫଳକର / ଆଭରଣ / ରେଶମୀ ସୂତାର ଡୋର। (ଶିଳାନ୍ୟାସ ପର୍ବ) ଶିଳାନ୍ୟାସ ପରେ ବହୁବର୍ଷ ବିତିଗଲେ ବି ଯୋଜନା କାର୍ଯ୍ୟକାରୀ ହୋଇପାରେନି। ମନ୍ତ୍ରୀମାନେ ସାଧାରଣ ଜନତାର ରକ୍ଷକ ହୋଇ ଭକ୍ଷକ ସାଜିଛନ୍ତି। ' ଘଣ୍ଟିବନ୍ଧା ବିରାଡି ' କବିତାରେ କବି ତୀର୍ଯ୍ୟକ ଢଂଗରେ ସମାଲୋଚନା କରିଛନ୍ତି। ସଂକଳନରେ ସ୍ଥାନିତ 'ଦଳ', 'ଆସନ', 'ଭୁବନେଶ୍ୱର; ପଚାଶ ବର୍ଷର', 'ଭାରିଶୀତ', 'ଶିଳାନ୍ୟାସ ପର୍ବ', 'ଚତୁର୍ଥ ମାଙ୍କଡ' ଓ 'ଘଣ୍ଟିବନ୍ଧା ବିରାଡି' କବିତାରେ ଆମ ରାଜନୈତିକ ଅବକ୍ଷୟର ଅପ୍ରିୟ ଚିତ୍ର ପ୍ରଦାନ କରାଯାଇଛି।

ଆଜିର ସ୍ୱାର୍ଥାନ୍ୱେଷୀ ମଣିଷ ପ୍ରକୃତିକୁ ଦୋହନ ପରିବର୍ତ୍ତେ ଯନ୍ତ୍ର ଦାନବ ଦ୍ୱାରା ଏହାକୁ ଶୋଷଣ କରିଚାଲିଛି। ଯନ୍ତ୍ରର ଦାସ ପାଲଟି ଯାଇଛି ମଣିଷ। ପରିବେଶ ଅବକ୍ଷୟରେ ବ୍ୟଥିତ କବି ଅତ୍ୟନ୍ତ ତୀର୍ଯ୍ୟକ୍ ଢଂଗରେ ଗାଆନ୍ତି; ମଣିଷ / ଜଙ୍ଗଲକୁ ସମୁଦ୍ରକୁ ଆକାଶକୁ / ଅକ୍ତିଆର କଲା / ଯନ୍ତ୍ର / ମଣିଷକୁ / ଅକ୍ତିଆର କଲା। – (ଦିନେ ମଣିଷ ନ ଥିଲା)

ପ୍ରକୃତି ମନସ୍କ କବି 'ଡାଙ୍ଗମାଳ' କବିତାରେ ଡାଙ୍ଗମାଳର ପ୍ରାକୃତିକ ବିବିଧତାକୁ ଚିତ୍ରିତ କଲାବେଳେ, 'ରାଧାନାଥଙ୍କ ଚିଲିକାରେ ଶୀତ' କବିତାରେ ଚିଲିକାର ସୌନ୍ଦର୍ଯ୍ୟରେ ଯେତେ ବିଭୋର ହୋଇନାହାଁନ୍ତି ତହିଁରୁ ଅଧିକ ବ୍ୟଥିତ ହୋଇଛନ୍ତି ପାନ୍ଥନିବାସରୁ ସଂଚରି ଆସୁଥିବା ମରାଳ ମାଂସର ବାସ୍ନାରେ। ଆମ ସ୍ୱାର୍ଥ ଯଜ୍ଞରେ ପରିବେଶର ସ୍ୱାହାକୁ କବି ସଫଳତା ସହ ଚିତ୍ରିତ କରିବା ପରିଲକ୍ଷିତ ହୁଏ।

ଆମ ଚାରିଆଡ଼େ ଘେରିରହିଛନ୍ତି କାହିଁ କେତେ ଯେ ଅସହାୟ, ଶୋଷିତ ମଣିଷ। ଆମେ ସେମାନଙ୍କର ହିସାବ ରଖୁନା। କବି - ସହୃଦୟ ମଣିଷଟି'ଏ। ତାକୁ ବିଗଳିତ କରେ ଅସହାୟ ମଣିଷର ଅସହାୟତା, ଶୋଷିତ ମଣିଷର ଯନ୍ତ୍ରଣା। ସେ ବ୍ୟଥିତ ହୁଏ। କବି ମନୋରଂଜନ ସେଥିରୁ ବା' ମୁକ୍ତ ଯାଆନ୍ତେ କିପରି ! ସେ ସାଉଁଟି ଆଣନ୍ତି ଏମିତି ଏମିତି କେତେ ଅବହେଳିତ, ନିଷ୍ପେସିତ, ଅସହାୟ, ଶୋଷିତ ଚରିତ୍ର ଆମ ସମାଜରୁ। ଆଲୋଚ୍ୟ କବିତା ସଂକଳନରେ 'କାନ୍ଦେ ଗାଁରେ ସୀତାଚୋରୀ', 'କଳା ଗୁମର ମେଘ ସହ ଦୁର୍ଦ୍ଦାନ୍ତ ନଈବଢିରେ ଆକ୍ରାନ୍ତ ଗୋଟେ ଗାଁ', ସ୍ୱାତୀ ସିନେମା ହଲ୍, ଡାଟି ଘେରା ହୋଟେଲ ଆଉ ଫୁଟୁକା', 'ଅପଦେବତା', ଅନ୍ୟ ଯେତେ ମୃତ୍ୟୁ', ଓ 'ନୂଆ ହାଟର ସୁନୀତା ରଇତ' କବିତାଗୁଡିକ ଚରିତ୍ର ପ୍ରଧାନ। ଏହି କବିତାର ଚରିତ୍ରଗୁଡ଼ିକ ସେମାନଙ୍କର ଅସହାୟତା ଓ ଦୈନ୍ୟତା ପାଇଁ ପାଠକୀୟ ସମ୍ବେଦନ ପାଇବାକୁ ଦାବି କରନ୍ତି।

ସାଂପ୍ରତିକ ଘଟଣାବଳୀ କବିର ଭାବନାକୁ ପ୍ରଭାବିତ କରେ। ଆନ୍ଦୋଳିତ କରେ ତାର କାବ୍ୟ ଚେତନାକୁ। ତାହା ପୁଣି ଯଦି ଦେଶ ମାତୃକାର ସୁରକ୍ଷା ସହ ଜଡ଼ିତ ହୋଇଥିଲେ କବିପ୍ରାଣ ଭାବପ୍ରବଣ ହୋଇପଡ଼େ। ତା' ଆବେଗମୟ ପ୍ରାଣ ଦେଶ ମାତୃକାର ଜୟଗୀତିକା ଗାଇଥାଏ। ୧୯୯୯ କାରଗିଲ୍ ଯୁଦ୍ଧ ସମୟରେ ପାକିସ୍ତାନ ସୈନ୍ୟବାହିନୀର ଭାରତର ସୀମା ଅତକ୍ରମଣ ବେଳେ ଭାରତୀୟ ସୈନିକମାନଙ୍କ ବୀରତ୍ୱକୁ ସୁନ୍ଦର ଭାବରେ ଉପସ୍ଥାପନ କରାଯାଇ କୁହାଯାଇଛି; ମୋର ପିଠି ଥାଏ / ଅଥଚ ସବୁଯାକ ଗୁଳି ପାଇଁ ମୁଁ / ପତେଇ ଦେଇଥାଏ ମୋର ଛାତି / ମୋର ଟିପେ ବି ପଛଘୁଞ୍ଚା ଦେବାର / ନ ଥାଏ। (କାରଗିଲ୍)। ଭାରତୀୟ ସୈନିକଙ୍କର କାରଗିଲ୍ ଯୁଦ୍ଧର ବୀରତ୍ୱପୂର୍ଣ୍ଣ ସଂଘର୍ଷକୁ ନେଇ 'କାରଗିଲ୍' ଓ 'କାରଗିଲ୍; ବରଫ ତରଳିବା ପରେ' ଶୀର୍ଷକ ଦୁଇଟି ସୁନ୍ଦର କବିତା ଏଥିରେ ଅବତାରଣା କରାଯାଇଛି।

କବିସତ୍ତା ଓ ପାଠକୀୟ ସତ୍ତା ମଧ୍ୟରେ ରହି ଆସିଥିବା ବିତର୍କିତ ବ୍ୟବଧାନକୁ ସଂକୁଚିତ କରିଦିଏ ସଂକଳନର ପ୍ରତିଟି କବିତା। କବିତା କହିଯାଏ ନିଜ କଥା। ସୂକ୍ଷ୍ମଭାବ ତଥା ସଂକ୍ଷିପ୍ତ ପରିସର ମଧ୍ୟରେ କଥାବସ୍ତୁର ବ୍ୟାପ୍ତି, ସଘନ ଚିତ୍ରକଳ୍ପ, ଶବ୍ଦର ସୁଦକ୍ଷ ବ୍ୟବହାର ଓ ମାଟିପାଣିର ବାସ୍ନା କବିତାଗୁଡିକକୁ ରସୋତ୍ତୀର୍ଣ୍ଣ କରିଛି। ଜୀବନ ଆଉ

ସମାଜ ସହିତ କବିଙ୍କର ଅନ୍ତରଂଗ ସଂପର୍କ ଓ ମୂଲ୍ୟବୋଧର ଅବକ୍ଷୟ ପ୍ରତି ତୀର୍ଯ୍ୟକ ଦୃଷ୍ଟିପାତରେ ସମସ୍ତ କବିତା ସମୃଦ୍ଧ। ପ୍ରତ୍ୟେକଟି ଶ୍ରୀଯୁକ୍ତ ସାହୁଙ୍କ ସୂକ୍ଷ୍ମାନୁଭୂତିର ଗୋଟିଏ ଗୋଟିଏ ସାର୍ଥକ ଅଭିବ୍ୟକ୍ତି। ଆଶା,ଏହା ସାମଗ୍ରିକ ଭାବେ ପାଠକୀୟ ଆଦର ଲାଭ କରିବ।

ସଂପାଦକ

କେନ୍ଦ୍ରାପଡ଼ା ଜିଲ୍ଲା ସାହିତ୍ୟ ପରିଷଦ

କେନ୍ଦ୍ରାପଡ଼ା , ଓଡ଼ିଶା

■

BLACK EAGLE BOOKS

www.blackeaglebooks.org
info@blackeaglebooks.org

Black Eagle Books, an independent publisher, was founded as a nonprofit organization in April, 2019. It is our mission to connect and engage the Indian diaspora and the world at large with the best of works of world literature published on a collaborative platform, with special emphasis on foregrounding Contemporary Classics and New Writing.

www.ingramcontent.com/pod-product-compliance
Lightning Source LLC
Chambersburg PA
CBHW060618080526
44585CB00013B/878
9781645605331